KB212795

날마다 신앙의 본질을 회복하는

구역예배

하나님의 사람을 만들어 가는 엘맨 ELMAN

날마다 신앙의 본질을 회복하는
구역예배

초판1쇄 2024년 1월 2일

지은이 21세기 구역공과 편찬위원회
펴낸이 이규종
펴낸곳 엘맨출판사
등록번호 제13-1562호(1985.10.29.)
등록된곳 서울시 마포구 토정로 222
한국출판콘텐츠센터 422-3
전화 (02) 323-4060,6401-7004
팩스 (02) 323-6416
이메일 elman1985@hanmail.net

www.elman.kr

ISBN 978-89-5515-095-7 03230

값 8,000 원

날마다 신앙의 본질을 회복하는

구역예배

하나님의 사람을 만들어 가는 엘맨 ELMAN

공과 교재 활용 지침서

본 공과 교재는 성경적인 강해설교를 요약 정리하여 각 교회에서 활용할 수 있도록 교재로 편집한 내용입니다. 여러 가지 미비하고 부족한 점이 있더라도 널리 이해해 주시리라 믿습니다.

1. 먼저 다함께 찬송을 부릅니다.
2. 구역(목장, 셀, 순)의 식구 중에 한 사람이 기도를 인도하거나 리더가 합심기도를 인도합니다.
3. 그날 주어진 본문 말씀을 함께 교독 혹은 합독으로 읽습니다.
4. 구역 리더가 공과 내용을 요약 정리하여 설명하거나 구역원이 돌아가면서 공과 내용을 함께 읽습니다. 그러나 미리 예습을 해오는 것이 진행에 도움이 됩니다.
5. 나눔의 시간에 1,2,3번의 순서에 따라 진솔하게 나눕니다.
   - 서로 나눌 때 구역원이 소외되지 않도록 돌아가면서 나누십시오.
   - 그러나 부작용이 생길 수 있음으로 강요는 하지 말아야 합니다.
   - 그리고 새로 참석하신 새 가족을 배려해 주어야 합니다.
   - 특별히 개인적인 비밀을 나누었을 때는 비밀을 지켜주어야 합니다.
6. 함께 공유할 기도제목을 나누고 전도할 대상자들을 위하여 합심으로 기도하는 시간을 가집니다.
7. 마지막 찬송을 부르고 주기도문으로 모임을 마칩니다.
8. 풍성한 나눔을 통하여 서로 더 깊이 알아가고 친숙해지며 건강한 공동체로 세워질 수 있기를 소망합니다.

인사의 글

우리의 삶의 과정에서 영혼을 살찌우는 일은 무엇보다도 중요합니다. 신앙의 기초를 든든히 하는 일, 믿음의 기둥을 세우는 일, 그리고 바람이 불어도 날아가지 않을 지붕을 씌우는 일, 이 모든 것이 예배와 교육으로 이루어집니다. 구역예배는 글자 그대로 구역식구들이 모여서 하나님께 예배드리는 시간입니다. 그런 가운데 말씀을 읽고, 듣고, 마음에 새기게 됩니다. 그러기에 기독교의 예배는 그 자체가 교육입니다. 그리고 구역식구들이 모여서 예배와 함께 성도의 교제를 나누는 귀한 공동체적 시간입니다. 이 시간을 통하여 우리의 믿음과 신앙생활이 성장하고 발전합니다. 그러므로 우리는 구역예배를 소홀히 해서는 안 됩니다.

이번 공과는 신앙생활의 기초가 되는 주제들을 다시 한번 살펴보면서, 그동안 흐트러졌던 우리들의 신앙의 자세를 추스르고, 하나님께 더 가까이 다가설 수 있도록 하였습니다. 그리고 구역식구들이 함께 읽고 기도하도록 쉽게 만들었습니다.

아무튼 구역예배를 통하여 개인의 영적 성장과 함께 교회의 성장이 이루어지기를 기대하며, 이 교재를 이용하는 모든 교회에 하나님의 크신 사랑이 함께 하시기를 기도합니다.

21세기 구역공과 편찬위원회

차례

1월

2월

3월

4월

5월

6월

7월

8월

9월

10월

11월

12월

1월

/제1과/
산 소망

성경: 베드로전서 1:1-9 / 찬송: 370장

"믿음의 결국 곧 영혼의 구원을 받음이라"(9절)

C.S. 루이스는 영원의 시간을 아는 사람과 모르는 사람의 차이는 삶을 바라보는 관점에 있다고 했습니다. 영원을 바라보는 자는 지금 처한 삶의 시간이 아무리 힘들어도 영원의 한 부분으로 보기 때문에 여유를 가지고 낙관적으로 바라봅니다.

첫째, 그리스도인은 무엇을 바랍니까?

믿음과 현실 사이에서 중요하고 필요한 것은 소망입니다. 그리고 그 소망의 원천은 하나님이 하신 일을 기억하는 것이고 그 기억은 동시에 하나님이 하실 일을 기대하는 것이 믿음이고 소망입니다. "자기 아들을 아끼지 아니하시고 우리 모든 사람을 위하여 내주신 이가 어찌 그 아들과 함께 모든 것을 우리에게 주시지 아니하겠느냐."(롬 8:32) 그 소망이 산 소망이 되기를 오늘 본문은 우리에게 격려하고 있습니다. 오늘 본문의 기록자는 누구입니까? 베드로입니다. 그리고 이 편지의 수신자를 누구라고 밝히고 있습니까?

본문 1-2절 "본도, 갈라디아, 갑바도기아, 아시아와 비두니아라는 지역에 흩어진 나그네"라고 합니다. 지금의 튀르키예 지역을 포괄하고 있는 곳입니다. 여기에 왜 그리스도인들이 나그네처럼 흩어져 있었을까요? 당시 로마는 예수를 믿는 그리스도인들을 사회 질서를 어지럽히고 폭동을 일삼는 범죄 집단으로 규정하고 누명을 덮어씌워 대대적인 박해를 가하고 있었습니다.

얼마나 박해가 심했는지 그리스도인들은 콜롯세움 원형경기장에서 사자들의 밥이 되어 죽어갔고, 불에 태워져 죽었으며 심지어 십자가에 못 박혀 순교를 했습니다. 베드로도 결국 십자가에 거꾸로 매달려 순교를 했습니다.

이러한 이유로 그리스도인들은 자신들의 신앙을 지키기 위해 로마를 떠나 흩어진 나그네로 살게 되었습니다. AD 60년(네로 황제 때부터) 시작된 박해가 313년 콘스탄틴 황제가 기독교를 정식으로 공인할 때까지 250년 동안이나 계속되었는데 오히려 핍박을 통해 초대 기독교가 폭발적으로 성장했습니다. 이러한 상황에서 베드로는 곳곳에 흩어진 신앙의 절개를 지키고 있는 성도들을 향해 위로와 격려의 편지를 보내며 소망을 붙잡으라고 권면을 하고 있습니다.

둘째, 무엇이 산 소망입니까?

베드로가 우리에게 도전하고 있는 소망은 그냥 소망이 아니라 산 소망입니다. 왜 베드로는 소망을 산 소망이라고 표현했을까요? 산 소망의 원인을 보면 금방 알 수 있습니다. "예수 그리스도를 죽은 자 가운데서 부활하게 하심으로 말미암아 우리를 거듭나게 하사 산 소망이 있게 하시며"(3절). 산 소망은 하나님의 긍휼이고 예수님의 부활입니다. 그리고 이 두 가지 원인이 결합한 결과가 바로 우리의 거듭남입니다. 우리의 거듭남은 살아계신 하나님의 사랑과 은혜를 증거하고 동시에 그 사실을 예수의 십자가와 부활을 통해 증명해버린 실제적인 사건입니다. 그래서 우리의 구원은 죽은 구원이 아니고 살아 있는 역동적 구원입니다.

우리의 구원이 살아 있는 구원이라면 우리의 천국 소망도 살아 있는 소망이어야 합니다. 그런 맥락에서 오늘 본문 속의 성도들이 산 소망을 잘 보여주고 있습니다. "썩지 않고 더럽지 않고 쇠하지 아니하는 유업을 잇게 하시나니 곧 너희를 위하여 하늘에 간직하신 것이라."(4절) 이 구절에서 유업이라는 단어는 (헬:클레로노미아)로 기업, 산업이라는 뜻과 동일합니다. 이 단어가 성경에 272회나 등장합니다. 지금 이 말씀이 묘사되고 있는 배경은 결코 좋은 상황이 아닙니다. 지금 본문 속의 성도들은 모진 박해와 공격으로 자신들의 기업을 하루아침에 잃어버린 신세가 되었습니다. 그런데 이들은 더 나은 기업을 바라보며 기쁨과 소망을 가졌습니다. 그 소망이 살아 있는 소망이기 때문입니다. "너희가 갇힌 자를 동정하고 너희 소유를 빼앗기는 것도 기쁘게 당한 것은 더 낫고 영구한 소유가 있는 줄 앎이라"(히 10:34).

셋째, 우리의 본성을 알면 하나님의 은혜가 느껴집니다

오늘 본문을 기록한 베드로는 어떤 사람입니까? 허물과 실수가 많은 사람입니다. 베드로의 인생 여정을 보면 그의 믿음의 확실함이 주님의 부활을 경험한 전과 후로 구분되는 것을 목격합니다. 베드로가 주님으로부터 세 번씩이나 사랑을 확인받기 전에 그는 주님을 세 번이나 부인하고 심지어 저주까지 했던 연약한 사람이 아니었습니까? 무슨 말인가 하면 베드로가 처음부터 믿음의 확실함이 있었던 사람이 아니라 그 믿음의 확실한 지점을 향해 주님께서 베드로를 연단하시고 이끌어주셨다는 것입니다.

우리에게 있는 소망이 살아 있는 소망이 되는 이유는 우리 자신을 근거로 하지 않고 주님의 은혜를 근거로 하기 때문입니다. 한없이 연약하고 부족한 우리를 지금 이 순간에도 믿음의 확실함을 갖게 하기 위해 빚어 가시고 연단하시며 만들어 가고 계신다는 것입니다.

그리스도인은 주어진 현재를 언제나 미래처럼 사는 사람들입니다. 극한 고난 속에서도 미래의 천국에서 사는 사람처럼 기쁘게 오늘을 살 수 있는 이유는 우리가 주님을 사랑하고 주님의 말씀을 믿기 때문이 아니겠습니까?

우리의 힘이 아닌 주님의 사랑과 은혜가 우리를 붙들어 주십니다. 그분의 약속을 바라보고 아무리 힘든 순간에도 살아 있는 소망과 믿음의 확실함으로 승리하시길 축복합니다.

함께 나누기

1. 그리스도인의 소망은 무엇입니까?

2. 그리스도인은 무엇을 산 소망이라 하였습니까?

3. 그리스도인은 주어진 현재를 미래처럼 살기 위한 것으로 무엇을 생각할 수 있습니까?

한 주간의 기도 제목

나

가정

교회

/제2과/
믿음과 현실 사이에서

성경: 누가복음 18:1-8 / 찬송: 357장

누가복음의 저자는 누가입니다. 그는 직업이 의사였고 이방인입니다. 사도 바울이 로마 감옥에 투옥됐을 때 동행했을 정도로 바울과 친밀했고 그에게 사랑받는 의사였습니다. "사랑을 받는 의사 누가와 또 데마가 너희에게 문안하느니라."(골 4:14) 누가의 직업이 의사이기에 그는 다른 복음서 기자들과는 달리 사건을 구체적이고 논리적으로 다룹니다.

예수님의 기적을 바라보며 기대하던 군중들과 그 예수님을 시기하며 시험하기 위해 몰려든 바리새인들이 질문을 던집니다. "하나님이 약속했던 그 나라는 도대체 언제 오는 거요?" 그럴 때 주님은 뭐라고 대답하셨습니까? "하나님의 나라는 너희 안에 있다"(눅 17:21)고 하십니다. "너희 안"에라는 뜻은 지금 너희 가운데 이미 너희들이 그토록 기대하고 열망하는 하나님의 나라가 임했다는 의미입니다. 하나님의 나라는 이런 것이기에 너희들은 이런 믿음으로 살아야 한다는 뜻입니다.

첫째, 기도하고 낙심하지 말아야 할 이유입니다

오늘 본문의 등장인물은 두 명입니다. 1) 과부- 원한이 있는 억울한 사람 2) 재판관- 공정하지 못한 불의한 자입니다. 오늘 성경이 말하고 있는 원한이 이런 의미일까요? 본문에서 "원한을 풀어 주소서 할 때" 그 원문이 "에크디케오"인데 이 뜻은 내 한을 풀어달라, 내 원수를 갚아 달라 이러한 뜻이 아니라 "Justice", 정의롭고 공정하게 요구하니 들어주세요 라는 말입니다. 그렇다면 도대체 어떤 요구이길래 정의롭고 공정하니 당신은 꼭 들어주어야 한다는 것일까요?

여러분은 과부의 두 렙돈을 들어보았습니까? (눅 21:1-4절 참조) 예수님께서 성전에서 헌금하는 과부의 두 렙돈을 칭찬하는 이 내용의 배경은 그 과부의 믿음을 칭찬하는 의도도 있었지만, 당시 부패한 종교 지도자들의 탐욕과 타락을 적나라하게 질책하는 것이었습니다. 서기관이 어떤 직책입니까? 율법을 가르치고 그 율법을 연구하는 법률가집단 아닙니까? 그들은 사회적 약자들을 보호하고 책임져야 할 존재였습니다. 그리고 율법은 소외된 자들의 권리를 분명히 보장하라고 합니다(출 22:22-24절 참조). 그런데 당시 그들을 보호해야 했던 서기관들은 그 누구보다 율법을 잘 알고 있었지만, 과부들의 헌금까지도 착취하는 탐욕을 보여줍니다. 거기다가 가장 공평해야 할 재판관마저 불의했으니 그 시대가 어떤 시대였겠습니까? 이런 상황에서 오늘 이 과부는 재판장에게 자신의 요구를 관철시키기 위해 찾아갔습니다. 그런데 이 재판장의 특성이 무엇입니까? 하나님을 두려워하지 않고 사람을 무시한다는 것입니다. 이런 사람이 과부의 요청을 들어준다는 게 쉬울까요? 하나님을 두려워하지 않는다는 의미는 본인이 하나님 같은 권세가 있다는 것으로 생각하는 것입니다. 그런 사람이 미망인의 청을 들어준 이유가 무엇입니까?(눅 18:5) 한마디로 말하면 귀찮고 성가시다는 것입니다.

여러분은 기도할 때마다 그 기도가 응답될 것이라고 확신합니까? 기도 응답의 핵심은 하나님의 약속에 있습니다. 우리 기도의 방향은 내 욕심을 관철하기 위해 떼를 쓰는 것이 아니라 하나님의 선하시고 신실하신 그 약속을 믿고 의지하는 것입니다. "예수께서 그들에게 항상 기도하고 낙심하지 말아야 할 것을 비유로 말씀하여"(눅 18:1), 낙심되는 상황 속에서도 요동하지 않고 한 묵묵히 기도의 자리를 지켜야 합니다. 이것이 어떻게 가능합니까? 약속을 믿기 때문입니다. 약속을 믿는 사람은 아무리 그 시점이 더딜지라도 반드시 그 약속의 때가 온다는 것을 믿기에 아무리 힘들어도 묵묵히 기다립니다. 그래서 믿음이 강한 사람은 늘 한결같은 사람입니다.

둘째, 믿음은 기다림입니다

본문 4절은 우리에게 이 의미를 더 깊이 와닿게 합니다. "그가 얼마 동안 듣지 아니하다가", 이 시간은 그 과부와 우리 모두에게 힘들고 고통스러운 시간입니다. 정도의 차이는 있겠지만 간절함을 가지고 자신들의 기도 제목을 놓고 현실의 문제를 씨름 하는 현장이 아니겠습니까? 바로 기다림의 시간입니다. 하나님께서 언젠가는 응답해 주실 것을 믿지만 그 응답이 주님의 시간을 통해 이룰 때까지 기다려야 하는 과정입니다. 그 누구에게도 말할 수 없는 혼자만이 감내해야 하는 고독의 시간을 믿음의 사람들은 모두 통과했습니다. 아브라함은 75세에 부르심을 받고 하나님의 약속을 얻습니다. 그런데 그 약속이 성취되는 때는 100세입니다. 요셉은 17세에 꿈을 꿉니다. 그런데 그 꿈이 이루어진 때는 30세가 넘어서였습니다.

우리에게는 모두 기다림의 시간이 필요합니다. 그 시간 동안 우리는 믿음의 강자가 됩니다. 시편 126편은 씨를 뿌리는 농부의 심정을 잘 묘사하고 있습니다. 그런데 왜 농부는 씨를 뿌리면서 울어야 했을까요? 왜 눈물을 흘리면서 씨를 뿌릴까요? 씨를 심는다는 것이 아니라 뿌린다는 것입니다. 땅이 비옥하고 좋으면 씨를 심을 것입니다. 그런데 땅이 척박하고 메말라 있기에 심지를 못하고 뿌릴 수밖에 없었습니다. 그럴 때 농부의 심정은 뿌린 만큼 거두지 못할 것을 생각하고 슬픔 가운데 눈물을 머금고 뿌린 것입니다.

다른 대안이 없기에 그래도 지금은 이렇게라도 해야 그나마 조금이라도 먹을 수 있기에 낮은 확률을 바라보고 절망 가운데 뿌립니다. 우리의 현실이 늘 그러합니다. 앞이 보이지 않는 캄캄한 터널 속에서 쉽게 낙심하고 절망합니다. 모든 것을 팽개치고 싶지만 그래도 우리가 믿음을 가지고 오늘도 눈물로 기도의 씨를 뿌리는 이유는 언젠가 거둘 때가 있다는 것을 알고 있기 때문입니다. 지금은 우리가 눈물의 씨를 뿌려야 할 때입니다. 낙심되는 상황이고 세상 어느 곳을 봐도 믿고 의지할 곳이 없는 영적 위기의 때입니다. 그러나 분명한 사실은 언젠가 하나님의 때가 되면 반드시 우리에게 기쁨으로 열매를 허락하실 것입니다. 왜냐하면 그렇게 우리에게 약속하셨기 때문입니다.

함께 나누기

1. 내 마음에 풀어야 할 감정은 무엇입니까?

2. 믿음으로 기도한 것을 받기 위한 나의 기다림은 어떠해야 합니까?

3. 내가 눈물 흘리며 뿌리는 씨앗은 무엇입니까?

한 주간의 기도 제목

나

가정

교회

/제3과/
믿음으로 산다는 것은

성경: 야고보서 1:1-8 / 찬송: 310장

"이는 너희 믿음의 시련이 인내를 만들어 내는 줄 너희가 앎이라"(3절)

종교개혁자 마틴 루터는 우리 일상의 삶 가운데 가장 간절하게 찾아야 하는 대상은 하나님이어야 한다고 합니다. 왜냐하면, 그리스도인에게 있어 하나님은 단순히 우리의 필요를 채워 주거나 우리에게 평안과 만족을 제공하는 신이 아닙니다. 하나님은 우리가 살아가는 이유와 목적이기 때문이라는 것입니다. 다시 말하면 하나님을 통해서만 설명이 가능한 존재가 바로 그리스도인이기에 우리는 간절하게 하나님을 찾고 의지해야 합니다.

첫째, 믿음이란 관점을 바꾸는 것입니다

야고보서의 저자가 누구입니까? 야고보인데 어떤 야고보입니까? "하나님과 예수 그리스도의 종"이라는 표현에서 예수님을 하나님과 동일시 하는 것을 볼 수 있습니다. 이 고백이 사도 바울의 경우라면 예수님께 깊은 은혜를 입었으니 익숙할 수 있겠지만 야고보가 고백하는 종의 개념은 결코 쉬운 고백이 아닙니다. 왜냐하면 이 야고보는 예수님의 친동생이기 때문입니다.

예수님과 어릴 적 한집에 줄곧 살면서 예수님에 대하여 다양한 경험을 했을 것입니다. 아무리 훌륭한 인격자라도 가족에게 인정받기란 쉽지 않습니다.

사실 야고보 또한 예수님께서 공생애 초기에 갈릴리에서 사역하실 때 예수님을 비웃었던 사람이었습니다(요 7:3-6). 하지만 야고보가 변화되어 예수님을 믿고 예수님의 참 제자가 되었는데 그 시점이 바로 예수님의 부활을 목격한 후였습니다(고전 15:4-8). 예수님의 부활 사건을 경험한 뒤에 비로소 예수님의 동생이 아닌 예수님의 종으로 거듭나게 되었습니다. 그리고 베드로가 예루살렘을 떠난 뒤에는 예루살렘 교회를 지도하는 지도자가 되었습니다(갈 1:19참조).

그렇다면 오늘 이 야고보가 본문을 통해 우리에게 던지고 있는 메시지의 핵심은 무엇입니까? 믿음과 삶의 일치입니다. 기도를 많이 하고 신앙생활을 오래 했다고 해서 인격이 좋은 것은 아닙니다. 우리가 성경을 많이 알고 기독교 교리를 이해하고 있다고 해서 반드시 인격이 좋다는 것은 아닙니다. 믿음과 삶이 분리되면 안 됩니다. 믿음은 절대로 우리의 삶과 무관하지 않습니다. 우리의 믿음이 진짜인지 가짜인지는 우리가 처해 있는 삶을 통해 나타나게 돼 있습니다.

둘째, 믿음과 삶의 일치를 위한 연단은 필수 요소입니다

야고보가 던지는 메시지는 믿음과 행위가 일치되는 것이 진정한 믿음이어야 한다는 것입니다. 그리고 그 믿음이 증명되기 위해서 우리에게 필요한 수단이 있는데 그것은 '시험'입니다. "내 형제들아 너희가 여러 가지 시험을 당하거든 온전히 기쁘게 여기라"(2절), 성도에게 시험은 반드시 있습니다. 그리고 그 시험은 하나님의 자녀임을 입증하는 도구입니다. 우리 예수님께서도 시험을 당하셨습니다.

어떤 사람은 기도를 많이 하면 시험을 당하지 않을 줄로 생각합니다. 그러나 우리 예수님께서 시험을 당한 시점이 40일 금식 기도 후입니다(마 4:1-3). 다시 말하면 기도를 많이 하면 시험을 당하지 않는 제자가 되는 것이 아니라 시험에 들지 않는 능력의 사람이 되는 것입니다.

기도의 신학자 이엠 바운즈는 우리가 만나는 시험은 우리의 기도가 폭발하는 중요한 시점이라고 우리의 기도를 독려합니다.

시험을 만날 때 우리는 어떻게 반응해야 합니까? "기쁘게 여기라는 것"입니다. 예수님께서 숨을 거두시기 전 마지막으로 하신 말씀이 "다 이루었다(테텔레스타이)" 입니다. 즉 너희들의 승리가 보장되었다는 것입니다.

셋째, 기도하고 낙망하지 말아야 할 이유입니다

"이는 너희 믿음의 시련이 인내를 만들어 내는 줄 너희가 앎이라"(3절)

프란시스 쉐퍼는 그리스도인의 인내가 중요한 이유는 인내의 시간을 통해 영적 성장을 이루기 때문이라고 합니다. 영적 성장이 왜 중요합니까? 시련과 인내를 통해 하나님의 뜻과 사랑을 깊이 알게 되기 때문입니다.

그래서 4절은 인내를 이루어 가라고 권면합니다. "인내를 온전히 이루라 이는 너희로 온전하고 구비하여 조금도 부족함이 없게 하려 함이라."

그 인내의 시간 동안 우리에게 필요한 것은 무엇입니까? "너희 중에 누구든지 지혜가 부족하거든 모든 사람에게 후히 주시고 꾸짖지 아니하시는 하나님께 구하라 그리하면 주시리라"(5절). 유대인들이 가장 높은 기도로 꼽는 기도 제목은 '지혜를 구하는 기도'입니다. 지혜를 얻으면 모든 것을 얻을 수 있기 때문입니다.

우리의 간구에 풍성하게 응답하시는 하나님입니다. 그러나 하나님의 뜻대로 구하지 않으면 응답받지 못합니다. 응답의 원칙이 있습니다. "오직 믿음으로 구하고 조금도 의심하지 말라 의심하는 자는 마치 바람에 밀려 요동하는 바다 물결 같으니"(6절). 오직 믿음으로 구하는 것입니다.

"두 마음을 품어 모든 일에 정함이 없는 자로다"(8절). 두 마음이 아니라 하나의 절대적인 믿음이 있어야 합니다. 두 마음이 무엇입니까? 하나님께 기도는 하지만 만일 나의 기도가 응답이 안 된다면 다른 계획 하나를 생각해 놓고 기도하는 것입니다.

그러므로 믿음의 기도는 나에게 주도권이 없음을 인정하고 모든 결정권을 하나님께 내어 드리는 기도입니다.

함께 나누기

1. 기도하고 낙망하지 말아야 할 이유는 무엇입니까?

2. 믿음으로 삶을 살아내기 위해 나는 무엇을 해야 합니까?

3. 나의 신앙의 삶을 점검해 봅시다.

한 주간의 기도 제목

나

가정

교회

/제4과/
기억하라

성경: 출애굽기 17:1-7 / 찬송:542장

“내가 호렙 산에 있는 그 반석 위 거기서 네 앞에 서리니 너는 그 반석을 치라 그것에서 물이 나오리니 백성이 마시리라 모세가 이스라엘 장로들의 목전에서 그대로 행하니라”(6절)

C.S. 루이스는 신앙에 있어 가장 무서운 적은 바로 우리 안의 ‘나’라고 하는 ‘자아’라고 규정했습니다. 자아가 신앙에 가장 큰 걸림돌이라는 것입니다.

첫째, 고난을 통한 하나님의 계획하심은 무엇입니까?

본문은 이스라엘 백성이 출애굽하여 홍해를 건넌 후에 시내산으로 향하는 도중에 일어난 사건입니다. 그들의 궁극적인 목적지는 가나안이지만 1차적인 목표는 바로 시내산입니다. 시내산에서 하나님은 그들과 언약을 맺어야 하기 때문입니다. 시내산 언약의 요점이 무엇입니까? “하나님은 이스라엘의 하나님이 되고 이스라엘은 하나님의 백성이 된다는 것”(출 19:5-6)입니다. 그리고 그 증거로 율법(십계명)을 주십니다. 이 노정은 시내산을 향하여 가는 과정에 생긴 사건입니다. 그리고 그 장소가 바로 르비딤입니다. “이스라엘 자손의 온 회중이 여호와의 명령대로 신 광야에서 떠나 그 노정대로 행하여 르비딤에 장막을 쳤으나 백성이 마실 물이 없는지라”(1절). 마실 물이 없다는 문제에 직면합니다. 그것은 광야에서 물이 없다는 것입니다.

우리의 인생의 여정이 하나님의 계획 가운데 놓여 있더라도 가나안으로 가는 여정에 물이 없는 구간이 있듯이 우리 인생 또한 어려움이 있습니다. 하나님께서 현재 우리가 당면하고 있는 모든 환경 가운데 우리를 인도하셨다면 그리고 그 인도하심이 그분의 계획이라면 지금 우리가 힘들고 낙담하고 어려워하는 그 ‘르비딤’이 오히려 하나님의 일하심을 목도하게 되는 축복의 상황이라는 사실을 믿어야 합니다.

그러나 이스라엘 백성들은 지극히 현실적인 문제에 민감했습니다. 지금 물이 없다는 이유 하나로 그들은 모세를 죽이려고 합니다. 그런데 이보다 더 심각한 것은 무엇입니까? 그들이 하나님을 시험하고 있다는 것입니다. "그가 그곳 이름을 맛사 또는 므리바라 불렀으니 이는 이스라엘 자손이 다투었음이요 또는 그들이 여호와를 시험하여 이르기를 여호와께서 우리 중에 계신가 안 계신가 하였음이더라"(7절). 하나님이 계신가 안 계시는가 하는 시험입니다. 물이 없다는 이유로 결국 그들은 하나님을 시험합니다. 하나님이 인간에게 시험의 대상이 되고 판단의 대상이 되는 것입니다.

둘째, 현실 너머를 볼 수 있는 믿음이 있어야 합니다

지금 이스라엘 백성의 가장 큰 문제는 오직 현실에만 집중돼 있다는 것입니다. 당장 물이 없어 위기를 느끼고 가축과 자녀들이 목이 말라 죽게 되었다고 원망합니다. 애굽에서 잘살고 있는데 왜 우리를 인도해 내서 이 고생을 시키느냐는 것입니다. 이스라엘 백성들이 애굽에서 노예 생활을 하며 그 종살이가 너무나 힘들고 괴롭다고 신음하며 울부짖지 않았습니까?(출 2:23)

모세는 이스라엘 백성들의 원망을 듣는 가운데 하나님께 탄식하며 기도합니다. "내가 이 백성에게 어떻게 하리이까 그들이 조금 있으면 내게 돌을 던지겠나이다"(4절). 감히 하나님을 시험하고 그 은혜를 망각하는 이 백성들을 향해 모세는 참담한 심정으로 가슴을 찢으며 탄식하며 울부짖습니다. "백성 앞을 지나서 이스라엘 장로들을 데리고 나일 강을 치던 네 지팡이를 손에 잡고 가라"(5절). 의연하게 그들의 원망 앞에 맞서라고 하십니다. 여기에서 모세의 지팡이는 신적 권위와 능력을 상징합니다. 그런데 오늘 모세의 지팡이는 홍해를 가르고 기적을 일으켰던 그 능력의 지팡이라기보다는 법정에서 정의로운 판결을 내리는 판결봉을 의미합니다. "네 앞에 서리니" 할 때 히브리어 원문이 '힌니 오메드 레파네이카'인데, 이 뜻은 "내가 네 앞에 설 것이라"는 의미입니다. 하나님께서 재판정 앞에 죄인으로 서겠다는 말씀입니다.

그러니 너의 지팡이로 나를 판결하라는 것입니다. 어떻게 하나님이 사람 앞에 그것도 죄인의 모습으로 선다는 말입니까? 여기에 놀라운 복음이 숨겨져 있습니다. 지금 이 법정에서 누가 죄인입니까? 누가 죄인이어야 하는가 말입니다. 하나님의 살아계심을 의심하고 시험하는 이스라엘 백성들이 아닙니까? 그런데 지금 그들 대신 하나님께서 법정의 피고인으로 서겠다고 말씀하십니다. 그리고 어떻게 하라고 지시하십니까? 그 반석을 치라고 명령하십니다. 치라는 말은 히브리어로 "나카"라고 하는데 이 의미는 세게 두드리라 하는 뜻입니다. 사도 바울은 이를 예수 그리스도라고 정의합니다. "다 같은 신령한 음료를 마셨으니 이는 그들을 따르는 신령한 반석으로부터 마셨으매 그 반석은 곧 그리스도시라"(고전 10:4).

성경에서 시사하는 '반석'의 의미는 하나님과 그리스도를 상징합니다. 다시 말하면 십자가의 고난과 죽으심을 예표합니다. 오늘 르비딤에서 반석을 치라고 하신 사건은 단순히 물을 공급하시기 위한 배려의 차원만이 아닙니다. 하나님 앞에서 죄로 인해 죽어야 하는 우리들을 대신하여 십자가에서 죽으신 그리스도의 대속의 사건을 미리 보여주는 엄청난 계시 사건입니다.

이제 반석을 내리칠 때 어떤 일이 발생합니까? 샘물이 터져 나옵니다.

영원히 목마르지 않은 생수가 무엇입니까?(요 7:37-39) 샘물을 통하여 성령을 약속하시는 장면입니다. 우리에게도 성령이 필요합니다. 그래서 기도해야 합니다. 이 르비딤의 사건을 이스라엘 백성들에게 허락하신 이유는 무엇입니까? 험난한 광야 생활 속에서 하나님이 하신 놀라운 일을 기억하라는 의미입니다. 힘들고 어려운 인생길에서 하나님이 모든 것을 준비하시고 예비하셨음을 기억하며 힘을 내라고 격려하십니다.

함께 나누기

1. 나의 신앙 생활에 르비딤은 무엇입니까?

2. 인생의 광야 길에서 만나 하나님은 어떤 분입니까?

3. 하나님을 판단하고 내 가치관을 따라 행한 것은 무엇입니까?

한 주간의 기도 제목

나

가정

교회

2월

제5과　생명의 근원을 버린 사람들
제6과　생명의 근원을 찾은 사람들
제7과　진리 안에서 자유
제8과　생명의 근원으로 돌아가자

/제5과/
생명의 근원을 버린 사람들

성경: 예레미야 2:13 / 찬송: 279장

"내 백성이 두 가지 악을 행하였나니 곧 그들이 생수의 근원되는 나를 버린 것과 스스로 웅덩이를 판 것인데 그것은 그 물을 가두지 못할 터진 웅덩이들이니라"(13절)

엘비스 프레슬리는 로큰롤의 황제로 알려져 있습니다. 그는 많은 돈을 벌었고, 대중에게 인정받는 스타였습니다. 그러나 그는 행복하지 못했습니다. 결국 마약 과다 복용으로 사망했습니다. 헤밍웨이는 노벨 문학상을 받은 작가였습니다. 그러나 그 역시 삶이 행복하지 못했습니다. 자신의 머리에 소총을 쏘고 자살하고 맙니다. 어떤 사람은 매우 부자입니다. 그러나 불행하다고 말합니다. 어떤 사람은 너무 가난해서 불행하다고 말합니다. 사람은 돈이 많아도 불행할 수 있고 교육을 많이 받았다고 해서 더 행복한 것도 아닙니다.

왜 이러한 현상이 나타나는 것일까요? 사람들은 누구나 행복해지고 싶고, 즐거운 인생을 꿈꿉니다. 그래서 나름대로 인생에 대한 해답을 추구하고 살아갑니다. 물론 대부분은 기대한 것과는 다른 결과를 맞이합니다. 그렇다면 우리가 겪고 있는 많은 문제들의 근원은 무엇 때문일까요?

첫째, 생수의 근원되신 하나님을 버렸기 때문입니다

"내 백성이 두 가지 악을 행하였나니 곧 그들이 생수의 근원되는 나를 버린 것…"(렘 2:13)

하나님께서는 우리에게 주신 생명으로 하나님과 관계하도록 하셨습니다. 생명은 인간의 삶의 가장 근본적인 질문에 대한 답입니다. 생명(Life)을 통해서 우리는 사랑(Love, 가치), 신분(Identity, 존재), 비전(Future, 사명, 목적), 관계(Relationship, 인식)를 알게 됩니다. 그런데 하나님을 버림으로 인간은 인간의 존재 이유와 목적을 포기하고 말았습니다. 인간은 하나님과 함께할 때 진정한 정체성을 발견하고, 인생의 목적을 발견하게 됩니다. 그런데 하나님 아버지와의 관계가 단절되었습니다. 그러므로 이제부터 아버지의 위치가 아닌 심판관이 됩니다.

둘째, 스스로 웅덩이를 파서 그들의 샘으로 삼았기 때문입니다

"내 백성이 두 가지 악을 행하였나니 곧 … 스스로 웅덩이를 판 것인데 …"(렘 2:13)

사람은 스스로 살아가도록 창조되지 않았습니다. 처음부터 하나님을 의지하면서 살아가도록 디자인되었습니다. 인간의 가장 근본적인 죄는 하나님을 떠나서 스스로 자신을 의지하고 살아가려고 하는 것입니다.

사람들은 누구나 신체적, 정서적, 인지적, 영적인 욕구가 있습니다. 이것이 하나님으로부터 채워지도록 창조되었으나, 하나님을 떠남으로 우리는 목마르게 되었습니다. 그래서 목마름을 해결하기 위해서 스스로 물웅덩이를 파기 시작합니다. 하나님의 생명과 웅덩이를 바꾸었습니다. 터진 웅덩이가 하나님으로부터 오는 생명을 대신하여 사람의 필요를 채우게 된 것입니다. 생명은 성취와 인정을 통해서 얻을 수 없습니다. 오직 관계를 통해서만 얻을 수 있습니다. 사단은 사람들을 부추켜서 스스로 웅덩이를 파게 합니다.

셋째, 물을 가두지 못하는 터진 웅덩이를 팠기 때문입니다

"…그것은 그 물을 가두지 못할 터진 웅덩이들이니라"(렘 2:13)

목마름을 해결하기 위해 스스로 웅덩이를 파는 것은 내가 누구인지 발견하기 위한 몸부림입니다. 그리고 내가 무엇을 해야 하는지 알고자 하는 노력입니다. 웅덩이를 팔 때마다 무엇엔가 쫓기는 듯합니다. 두려움이 엄습합니다. 어느 정도 만족되는 것 같으나 시간이 지나면 지날수록 목마름을 채우지 못하고 더 갈증이 납니다. 더 많은 만족을 위해 더 많은 시간과 재정을 쏟게 됩니다. 그러나 그것도 잠시뿐입니다. 왜냐하면 결국 그 웅덩이는 물을 담지 못하는 터진 웅덩이기 때문입니다. 결국 영원한 만족을 줄줄 알았던 웅덩이는 그렇게 더 큰 좌절을 남깁니다.

이러한 방법으로는 우리의 목마름은 채워지지 않는 것입니다. 이것을 현대에서는 중독이라는 단어로 표현합니다. 중독이란 '감정을 조절하고 즐거움을 늘이거나 고통을 줄이기 위한 것에 집착하는 것'을 의미합니다. 이 시대에 중독의 종류에는 무엇이 있습니까? 술, 마리화나, 니코틴, 속도를 통해 스릴을 즐기는 것, 아드레날린을 생산하기 위한 위험한 행동, 포르노, 자위행위 등이 있습니다. 이것들은 "터진 웅덩이"들입니다.

함께 나누기

1. 나의 삶의 문제와 고통은 무엇입니까?

2. 나의 삶의 문제와 고통을 나는 어떻게 다루고 있습니까?

3. 내가 스스로 웅덩이를 팠던 영역은 무엇입니까?

한 주간의 기도 제목

나

가정

교회

/제6과/
생명의 근원을 찾은 사람들

성경: 요한복음 5:25-27 / 찬송: 523장

"진실로 진실로 너희에게 이르노니 죽은 자들이 하나님의 아들의 음성을 들을 때가 오나니 곧 이때라 듣는 자는 살아나리라 아버지께서 자기 속에 생명이 있음같이 아들에게도 생명을 주어 그 속에 있게 하셨고 또 인자됨으로 말미암아 심판하는 권한을 주셨느니라"(25-27절)

생수의 근원되신 하나님을 버리게 된 것은 창조 때의 에덴 동산에서부터 시작되었습니다. 사단이 뱀의 모습으로 등장하여 인간을 속이고, 참소하였습니다. 사단은 거짓과 속임으로 사람들을 미혹하여 하나님을 버리게 하고 사람들이 스스로 웅덩이를 파게 합니다.

생명을 버린 사람들은 진노의 자녀입니다(엡 2:3). 영적으로 죽었습니다(엡 2:5). 하나님의 원수입니다(롬 5:10). 그리스도 밖에 있는 사람들입니다(엡 2:12). 소망이 없는 자입니다(엡 2:12). 지옥으로 떨어질 운명입니다(롬 5:18). 허물과 죄로 죽었던 사람들입니다(엡 2:1-2). 그렇다면 잃어버린 생명을 회복하기 위해서 우리는 어떻게 해야 할까요?

첫째, 오직 예수 그리스도 안에서만 해답을 찾을 수 있습니다

"진실로 진실로 너희에게 이르노니 죽은 자들이 하나님의 아들의 음성을 들을 때가 오나니 곧 이 때라 듣는 자는 살아나리라"(25절)

하나님께서는 아들 예수 그리스도에게 생명을 주시어 우리들의 죄를 대신하여 피 흘리게 하시고 부활하심으로 말미암아 예수를 믿는 모든 사람들을 의롭게 하셨습니다. 예수님의 죽으심과 부활의 사건을 믿는 모두는 생수의 근원되시는 하나님과 화평하게 되었기에 더 이상 목마르지 않게 됩니다.

왜냐하면 예수님을 통하여 생명을 얻은 사람들은 더 이상 자신을 의지하는 삶이 아닌 "나를 위하여 자기 몸을 버리신 하나님의 아들을 믿는 믿음 안에서 사는 것(갈 2:20)"이기 때문입니다. 이제는 그리스도의 생명으로 살아가는 사람이 된 것입니다.

둘째, 예수님을 통해 하나님께 돌아간 사람들은 이전과는 다른 모습입니다

"그런즉 누구든지 그리스도 안에 있으면 새로운 피조물이라 이전 것은 지나갔으니 보라 새 것이 되었도다"(고후 5:17)

아담 안에서 모든 사람이 죽은 것같이 그리스도 안에서 모든 사람이 생명을 얻은 사람(고전 15:22)들은 이제 더 이상 세상의 방식대로 모든 것을 알지 않습니다(고후 5:16). 새로운 영적 신분을 가진 새로운 피조물로서 옛사람은 죽었고 새 사람이 되었기 때문입니다. 예수 그리스도로 말미암아 의롭게 된 사람으로서 더 이상 종이 아닌 하나님의 아들이 되었고 하나님으로 말미암아 유업을 이을 자가 된 신분이 되었습니다.

그러하기에 오직 인정 받고자 하는 삶, 성취 중심적인 삶, 쾌락 중심적인 삶, 비난하는 삶, 흔들리고 불안정한 목마른 삶의 모습들을 버리고 하나님의 사랑 안에서 생명을 풍성하게 누리는 삶의 모습이 된 것입니다.

예수 그리스도 안에서 하늘의 신령한 복을 우리에게 모두 주셨습니다(엡 1:3). 이제는 더 이상 목마른 삶을 살지 않아도 됩니다. 그런데 우리는 예수 그리스도를 믿음으로 생명을 얻었음에도 불구하고 풍성한 삶을 살고 있지 못하고 있습니다. 왜 그럴까요?

셋째, 새 생명을 얻은 나는 왜 아직도 풍성한 삶을 살지 못합니까?

"너는 마음을 다하여 여호와를 신뢰하고 네 명철을 의지하지 말라"(잠 3:5)

그리스도인이라고 하면서도 여전히 자기 자신을 의지하고 살아가는 삶 때문입니다. 이러한 삶의 모양을 육(Sark)이라고 합니다. 육체의 특징은 자기 충족적이고 역기능적이며 생명과 반대되는 개념입니다. 그리고 지속적인 반복된 패턴을 가집니다. 육체를 따라 사는 3가지의 모습은 성공한 육체, 그저 그런 육체, 실패한 육체의 모습이 있지만 하나님께서 인정하시는 육체는 없습니다.

자신을 의지하고 살아가는 인생을 다루시는 하나님의 보편적인 방법은 고통과 고난입니다. 하나님은 고통과 고난을 통하여 순복하고 깨어져 자신을 의지하는 삶에서 돌이켜 하나님만을 의지하는 삶을 살게 하십니다.

함께 나누기

1. 나는 주님 안에서 풍성한 삶을 살고 있습니까?

2. 나의 삶의 문제와 고통은 무엇 때문이라고 생각합니까?

3. 하나님은 나에게 무엇을 말씀하고 계신다고 생각합니까?

한 주간의 기도 제목

나

가정

교회

/제7과/
진리 안에서 자유

성경: 요한복음 8:32 / 찬송: 203장

"진리를 알지니 진리가 너희를 자유롭게 하리라"

죄의 결과로 하나님을 떠나므로 생겼던 삶의 고통과 고난을 예수 그리스도로 말미암아 모두 해결해 주셨습니다. 예수님께서는 십자가에서 사탄의 모든 저주를 끊으시고 죄의 종노릇하던 삶에서 우리를 자유롭게 해주셨습니다. 그럼에도 불구하고 많은 그리스도인들이 자유하지 못한 삶을 여전히 살고 있습니다. 여전히 고통과 고난 속에서 힘든 삶을 살고 있습니다.

성경은 "예수의 마음으로"(빌 2:5), "믿음, 사랑, 소망의 마음으로(고전 13장)" 살 것을 권면합니다. "그리스도에게까지 자라나라"(엡 4:15)고 하십니다. 즉, 예수로 살 때 자유로울 수 있다는 것입니다.

예수님이 어떤 분이신 줄 바로 알고 예수님의 사랑을 경험하며 예수님을 닮아갈 때 우리의 모든 삶의 문제에서 자유할 수 있습니다.

첫째, 예수님이 우리에게 오신 이유를 알 때 자유하게 됩니다

"도둑이 오는 것은 도둑질하고 죽이고 멸망시키려는 것뿐이요 내가 온 것은 양으로 생명을 얻게 하고 더 풍성히 얻게 하려는 것이라 "(요 10:10)

예수님은 우리를 죄에서 자유하게 하셨을 뿐 아니라 과거의 고통에서 치유하시고 회복하게 하시므로 모든 삶에서 자유하게 하셨습니다. 예수님이 이 땅에 오신 이유는 하나님 아버지의 뜻을 이루기 위해서 (요 6:38-39), 생명(영생)을 얻게 하려고(요 10:10, 5:24-25; 고전 15:45; 눅 5:32, 19:10), 용서하는 분을 보여주시고 용서하게 하기 위해 (눅 23:34; 마 6:12; 골 3:13), 아버지 하나님과 그분의 사랑을 알리기 위해 (요 3:16, 10:30; 히

1:3; 골 1:15), 율법의 저주에서 속량하기 위해(갈 3:13), 마귀의 일을 멸하시기 위해 (요일 3:8; 마 12:28; 막 1:39), 치유하시기 위해 (눅 4:18; 마 9:22; 요 14:6, 8:32,36) 오셨습니다. 우리들에게 생명을 풍성하게 얻게 하려고 장애가 되는 모든 요소들을 다 해결해 주신 것입니다. 우리가 예수님을 믿는 순간 진리 안에서 자유할 수 있게 된 것입니다.

둘째, 하나님 아버지의 사랑을 경험할 때 자유합니다

"보라 아버지께서 어떠한 사랑을 우리에게 베푸사 하나님의 자녀라 일컬음을 받게 하셨는가, 우리가 그러하도다 그러므로 세상이 우리를 알지 못함은 그를 알지 못함이라"(요일 3:1)

하나님 아버지의 사랑을 경험하지 못하는 것은 자기 자신을 의지하는 고아의 마음을 가지고 살아가기 때문입니다. 고아는 아무도 의지하지 않고 모든 것을 스스로 해결할 수밖에 없는 사람들입니다. 자녀의 마음을 가진 사람들은 관계적이고 스스로 모든 문제의 해답을 가지고 있지 않다는 것을 인정합니다. 육신의 아버지와의 관계에서 아버지의 사랑을 경험하지 못했을 때도 하나님 아버지의 사랑을 경험하기 어렵습니다. 육신의 아버지를 통해 경험해왔던 대로 하나님을 오해하는 경우가 많기 때문입니다.

하나님 아버지의 사랑을 성경에서 잃은 양을 찾으시는 목자의 사랑(눅 15:1-7), 잃어버린 아들을 기다리시는 아버지의 사랑, 어떠한 경우에도 한없는 사랑으로 용서하는 마음, 회복시켜 가장 좋은 것으로 주시기를 원하시는 마음, 위로하고 격려하는 마음(눅 15:11-32), 늘 함께하시는 사랑(사 41:10), 모든 것을 아시는 하나님의 사랑(눅12:7)으로 표현하고 있습니다. 그 완전한 하나님의 사랑을 경험할 때 우리는 그 어떤 상황에서도 하나님이 우리와 함께하심을 알고 우리의 모든 문제를 하나님께 맡기므로 평안할 수 있고 자유할 수 있습니다.

셋째, 나의 생각을 버리고 진리를 따라 살 때 자유 합니다

"너는 마음을 다하여 여호와를 신뢰하고 네 명철을 의지하지 말라"(잠 3:5).

우리의 생각은 과거의 경험으로부터 만들어집니다. 육체의 생각이란 마음이 상처받을 때 심겨진 부정적인 믿음 체계로서 과거의 자신의 부정적인 경험을 토대로한 판단과 해석, 결정한 신념이나 태도이며 육체의 뿌리입니다. 이것은 자신, 다른 사람들 또는 하나님을 대항합니다. 이러한 것의 대부분의 것들은 무의식중에 형성됩니다. 그래서 우리는 일반적으로 그러한 것을 가지고 있다는 것조차 인식하지 못합니다.

육체의 생각은 내가 믿는 거짓말, 자기중심적인 생각 또는 부정적인 믿음이라고도 말합니다. 이러한 육체적인 자신의 생각을 버리고 하나님의 말씀으로 돌아갈 때 우리는 자유할 수 있습니다. 그래서 우리는 육체의 생각을 십자가에 못 박고 끊임없이 진리로 반응하는 훈련이 필요합니다.

함께 나누기

1. 나는 하나님 아버지의 사랑을 경험했습니까?

2. 나에게 육체적인 생각들은 어떠한 것들이 있습니까?

3. 육체의 생각들을 십자가에 못 박고 진리로 바꾸어 봅시다.

한 주간의 기도 제목

나

가정

교회

/제8과/
생명의 근원으로 돌아가자

성경: 누가복음 6:44-45 / 찬송: 289장

"나무는 각각 그 열매로 아나니 가시나무에서 무화과를, 또는 찔레에서 포도를 따지 못하느니라 선한 사람은 마음에 쌓은 선에서 선을 내고 악한 자는 그 쌓은 악에서 악을 내나니 이는 마음에 가득한 것을 입으로 말함이니라"

내가 현재의 고통을 해결하고 하나님이 주시는 평강으로 돌아가고자 한다면 현재의 사건만을 다루는 것이 아니라 과거의 기억의 근원으로 내려가 그 때에 심어졌던 생각과 감정들을 하나님의 생각으로 바꾸어야 합니다. 내가 현재 겪는 상황의 고통은 그것 자체가 최초의 근원이 아닙니다. 모든 것은 뿌리가 되는 근원이 있습니다. 내가 지금 느끼고 있는 부정적인 감정은 과거 또는 현재의 어떤 사건과 연결되어 있습니다. 현재의 고통은 뿌리와 연결하는 버튼과 같은 것입니다. 버튼이 눌러지면 뿌리가 반응하게 됩니다. 뿌리 속에 있는 육체의 생각을 찾으면 이것이 나의 고통의 최초의 근원이 되는 것입니다. 그러면 육체의 뿌리를 어떻게 찾아 진리로 바꿀 수 있을지 살펴봅시다.

첫째, 나에게 육체의 열매들에는 무엇이 있는지 알아야 합니다

"나무는 각각 그 열매로 아나니 가시나무에서 무화과를, 또는 찔레에서 포도를 따지 못하느니라"(44절)

만약에 나의 과거의 쓴 뿌리에 대한 치유 없이 나의 현재 갈등을 해결하려고 한다면 나는 순간적인 자유밖에 얻을 수 없습니다. 그러나 나의 뿌리가 치유되면 나의 현재의 열매가 달라지게 됩니다. 과거의 경험을 되짚어 봄으로써 현재의 갈등과 부정적인 감정을 바꿀 수 있습니다. 거꾸로 현재의 갈등과 부정적인 열매들을 알게 되면 과거의 부정적인 생각을 알 수 있게 되기에 그 부정적인 생각들을 바꾼다면 현재의 열매들을 바꿀 수가 있게 되는 것입니다. 무화과 열매를 얻고자 한다면 무화과를 심고, 포도 열매를 맺고자 한다면 포도나무를 심어야 하는 것입니다. 내가 맺고자 하는 열매가 아닌 것들이 있다면 그것이 무엇인지 알고 그 열매가 열려지게 된 그 뿌리를 찾아 그 육체의 뿌리를 뽑아 버려야 하는 것입니다.

둘째, 부정적인 감정을 통하여 내 생각을 찾을 수 있습니다

감정은 생각에 의해서 영향을 받습니다. 즉 감정은 심리적인 동력의 역할을 하며, 행동의 강력한 동기가 됩니다. 특정한 기억을 떠올릴 때 그 기억에 관련된 감정을 느끼게 됩니다. 그러하기에 현재의 부정적인 열매에 따른 부정적인 감정이 생겼을 때 왜 그러한 감정이 생겼나를 살펴보면 육체적인 생각들을 찾을 수 있게 됩니다. 그 육체적인 생각들을 영의 생각, 즉 진리로 바꾸게 된다면 진리로 반응하는 기쁨 등의 감정을 갖게 되고 그에 따른 성령의 열매를 거두게 됩니다.

부정적인 감정들로는 분노, 수치심, 두려움 등이 있습니다. 일반적으로 상실감(슬픔)을 다루는 일반적인 방법은 감정을 억압하거나, 감정과 싸우거나, 부정적인 감정으로부터 도망하는데 이것은 육체적인 생각을 낳게 하고 육체적인 열매를 거두게 합니다. 육체적인 열매를 맺지 않게 하려면 감정을 바르게 다루어야 합니다.

사무엘 어머니 한나처럼 하나님 앞에서 드러내고(삼상 1:15) 하나님의 위로하심으로 치유받는 것이 제일 좋습니다. 현재의 감정뿐만 아니라 근원이 되는 사건에서도 그 때의 사건을 떠올리며 감정을 잘 다루게 된다면 그 당시의 상처로 인해 받았던 감정을 치유할 수 있습니다. 감정을 다루고 그 감정으로 생겼던 부정적인 생각을 진리로 바꾸게 되면 그로 인한 육체의 열매가 더 이상 열리지 않게 됩니다.

셋째, 회개와 용서가 필요합니다

죄란 "태초에 지음을 받을 때에 의도되었던 생명을 가지고 있지 않게 된 것(과녁을 빗나가는 것)"을 말합니다. 육체의 열매가 열리게 한 그 모든 사건과 상황에는 죄가 있습니다. 죄의 종류로는 열매로서의 죄인 행위로 지은 것들과 뿌리로서의 죄로 생각, 태도, 동기까지 포함됩니다. 죄의 결과는 죄책감, 수치, 속박, 불신앙, 파괴, 죽음입니다. 죄가 있는 한, 그 길은 험하고 평강이 없습니다. 죄를 회개하지 않고는 치유가 없습니다. 회개는 단지 죄의 결과를 후회하는 것이 아닌 완전히 돌아서는 것입니다.

회개와 함께 우리를 자유롭게 하지 못하는 것은 용서하지 못하는 것입니다. 용서는 "빚 받을 사람이 빚진 사람의 빚을 탕감해 주는 것"입니다. 용서하지 않을 때 자신을 과거에 가둬 놓게 되며, 사탄에게 문을 열어주게(4:27) 되고, 하나님과의 교제를 방해하게 합니다. 그래서 용서는 진리로 돌아가기 위해서 꼭 필요합니다. 용서의 이익은 용서 받는 사람보다 용서하는 사람이 받습니다.

치유가 필요한 근원의 사건을 직면했을 때 그 기억 속의 상처 준 사람들을 용서하고, 자기 자신을 용서하며 하나님께 용서를 구하는 것입니다. 그리고 회개해야 할 죄가 있다면 죄를 회개하고 하나님의 사랑을 경험하며 상처로 인해 심어진 육체의 생각을 진리로 바꾸는 것입니다. 육체의 열매마다 이러한 작업을 계속할 때 우리 삶은 전반적으로 진리로 반응하며 하나님이 주시는 기쁨과 평안 가운데 자유하는 삶을 살게 됩니다.

함께 나누기

1. 나에게 있는 육체의 열매들은 무엇입니까?

2. 나에게 부정적인 감정들은 무엇이 있습니까?

3. 나는 상실을 어떻게 다루어 왔습니까?

한 주간의 기도 제목

나

가정

교회

3월

제9과 신앙의 본질과 의식
제10과 하나님을 아는 것
제11과 하나님을 사랑하는 것
제12과 하나님의 얼굴을 구하는 삶
제13과 기도하고(P), 듣고(L), 순종하는(O) 삶

/제9과/
신앙의 본질과 의식

성경: 호세아 6:6 / 찬송: 314장

"나는 인애를 원하고 제사를 원하지 아니하며 번제보다 하나님을 아는 것을 원하노라"(6절)

'본질'이라는 말은 핵심, essence라는 말입니다. 신앙의 본질은 신앙의 핵심을 의미하고, 그것이 없으면 '신앙'이 될 수 없는 '어떤 것'입니다.

첫째, 신앙의 본질은 '하나님을 알고 사랑하는 것'입니다

오늘 말씀에 보면, 하나님께서 원하시는 두 가지는 무엇입니까? 또 하나님께서 원하시지 않는다고 말씀하신 두 가지는 무엇입니까? 하나님께서 원하시는 두 가지는, '인애(하나님을 사랑하는 것)'와 '하나님을 아는 것'이고, 원하시지 않는다고 말씀하신 두 가지는 '제사'와 '번제'입니다. 사실 이 두 가지도 하나님께서 이스라엘 백성들에게 행하라고 명하신 중요한 것들이었습니다. 심지어 번제와 제사를 제대로 드리지 않을 때 죽이라고까지 말씀하셨습니다. 호세아 말씀에서 '원하지 않는다'고 말씀하신 것은, '내가 사실 진정으로 너희에게 원하는 것은 '제사와 번제'가 아니라 '나를 알고 사랑하는 것이야'라고 말씀하시는 것입니다.

신앙의 본질은 '하나님을 알고 사랑하는 것'이고, '번제와 제사' 같은 '의식들'은 본질을 담는 '그릇'이라고 할 수 있습니다. 하나님을 위한 한 민족, 이스라엘을 세우신 목적도 '하나님을 알고 사랑'하게 하기 위해서였고, 예수님을 믿음으로 구원을 얻게 하신 목적도 구원받은 자들로 하여금 '하나님을 알고 사랑'하기 위함이었습니다. "내가 애굽 사람에게 어떻게 행하였음과 내가 어떻게 독수리 날개로 너희를 업어 내게로 인도하였음을 너희가 보았느니라"(출 19:4).

"이제는 전에 멀리 있던 너희가 그리스도 예수 안에서 그리스도의 피로 가까워졌느니라, 이는 그로 말미암아 우리 둘이 한 성령 안에서 아버지께 나아감을 얻게 하려 하심이라"(엡 2:13,18)

신앙의 본질은, '하나님을 알고 사랑하는 것'입니다.

둘째, 또한 신앙의 본질은 '하나님의 행하심을 보고 순종하는 것'입니다

예수님은 우리에게 '주님 안에 거하는 삶', 즉 "내 안에 거하라 나도 너희 안에 거하리라"(요 15:4)고 말씀하시면서, 주님을 떠나서는 '열매'를 맺을 수 없다고 말씀하셨습니다. 또 '자기의 행하시는 것을 보이시겠다'고도 말씀하셨습니다.

"그러므로 예수께서 그들에게 이르시되 내가 진실로 진실로 너희에게 이르노니 아들이 아버지께서 하시는 일을 보지 않고는 아무것도 스스로 할 수 없나니 아버지께서 행하시는 그것을 아들도 그와 같이 행하느니라 아버지께서 아들을 사랑하사 자기가 행하시는 것을 다 아들에게 보이시고 또 그보다 더 큰 일을 보이사 너희로 놀랍게 여기게 하시리라"(요 5:19-20)

우리의 신앙은 '하나님을 알고 사랑하며, 그 가운데 하나님의 행하심을 보고 순종하는 삶'입니다. 예수님이 그렇게 사셨고, 모세도, 바울도 그렇게 살았습니다. 우리 신앙의 본질은, '하나님을 알고 사랑하며, 그 중에 하나님의 뜻을 보이시면 온 마음으로 순종하는 것'입니다.

셋째, 모든 '의식'은 '본질'을 담는 수단입니다

'의식'에는 주일성수, 헌금, 기도, 금식, 봉사, 성경 읽기, 전도 등이 있습니다. 모든 의식은 하나님께서 명령하신 것들로써, 소중하고 중요한 것들입니다. 이러한 것들이 제대로 드려지지 않을 때 하나님께서는 그들을 향해 진노하셨습니다(말 1:7-10 참조).

하지만, 이러한 의식들은 '본질'을 담는 수단입니다. 곧 본질이 담기지 않은 의식은 그 자체로는 아무런 의미가 없습니다. 이사야 선지자 시대 이스라엘 백성들, 예수님 당시의 바리새인들의 예를 보면 그들은 많은 의식들을 나름 정성을 다해 철저하게 드렸지만, 하나님께서는 그들의 '의식'을 기뻐하지 않으셨고, '미워한다'고 말씀하셨습니다. 그들이 드리는 의식에 '본질' 곧 하나님을 알고 사랑하는 마음이 담기지 않았기 때문이었습니다.

"여호와께서 말씀하시되 너희의 무수한 제물이 내게 무엇이 유익하뇨 나는 숫양의 번제와 살진 짐승의 기름에 배불렀고 나는 수송아지나 어린 양이나 숫염소의 피를 기뻐하지 아니하노라 너희가 내 앞에 보이러 오니 이것을 누가 너희에게 요구하였느냐 내 마당만 밟을 뿐이니라 헛된 제물을 다시 가져오지 말라 분향은 내가 가증히 여기는 바요 월삭과 안식일과 대회로 모이는 것도 그러하니 성회와 아울러 악을 행하는 것을 내가 견디지 못하겠노라 내 마음이 너희의 월삭과 정한 절기를 싫어하나니 그것이 내게 무거운 짐이라 내가 지기에 곤비하였느니라"(사 1:11-14)

신앙의 본질과 의식을 바르게 이해할 때, 하나님이 기뻐하시는 신앙생활을 할 수 있습니다. 여러분의 모든 의식에 하나님을 알고 사랑하는 것이 담겨 하나님께서 기쁘게 받으셔서 풍성한 열매가 가득한 여러분의 삶이 되시기를 예수님의 이름으로 축원합니다.

함께 나누기

1. 신앙의 본질을 무엇입니까?

2. 우리 신앙생활에서 '의식'에는 어떤 것들이 있습니까?

3. 오늘의 말씀을 통하여 결단한 것은 무엇입니까?

한 주간의 기도 제목

나

가정

교회

/제10과/
하나님을 아는 것

성경: 요한복음 17:3 / 찬송: 453장

"영생은 곧 유일하신 참 하나님과 그가 보내신 자 예수 그리스도를 아는 것이니이다"(3절)

지난번에 '하나님을 아는 것'이 신앙의 본질이라는 것을 배웠습니다. 오늘 말씀에서 예수님도 '하나님과 그의 보내신 자 예수 그리스도를 아는 것'이 영생이라고 말씀하고 있습니다. '하나님을 아는 것'이 신앙의 본질입니다. 그런데 여기서 중요한 것은 '하나님을 아는 것'에 대한 이해입니다.

첫째, '하나님을 아는 것'과 '하나님에 관해서 아는 것'은 다릅니다

피자를 한 번도 먹어본 적이 없는 사람이, 피자집에서 나누어준 '광고지'를 보고 피자 종류에 대해 알고, 종류별로 어떻게 만드는지 알고, 맛이 어떤지에 대해서 알게 되었다고 해도, 피자를 먹어보지 않았다면 그 사람은 아직 피자를 안다고 말할 수 없을 것입니다. 위인전을 통해 세종대왕에 대해 아는 것과 매일 만나는 친구를 아는 것과는 다릅니다. 하나님을 아는 것도 마찬가지입니다. 하나님에 관해서 아는 것과 하나님을 아는 것은 다릅니다.

"사무엘이 아직 여호와를 알지 못하고 여호와의 말씀도 아직 그에게 나타나지 아니한 때라"(삼상 3:7)

사무엘상 3장에 보면, 사무엘 선지자의 어릴 때 이야기가 나옵니다. 말씀에 보면, 사무엘이 아직 하나님을 '알지 못한다'고 나오는데, 이 말은 사무엘이 하나님에 관해서 알지 못한다는 말이 아닙니다. 왜냐하면 사무엘은 어려서부터 성전에서 자랐기 때문입니다. 사무엘은 누구보다 하나님에 관해서 잘 알았을 것입니다. 그런데 성경은 이 당시 사무엘이 '아직 하나님을 알지 못한다'고 말씀하고 있습니다.

하나님에 관해서 아는 것과 하나님을 아는 것은 다릅니다.

둘째, 하나님을 아는 것은 '인격적인 교제'를 통해 이루어집니다

하나님에 '관해서' 아는 것은 공부를 통해 이루어집니다. 하지만 '하나님을 아는 것'은 '인격적인 교제'를 통해 이루어집니다. 그래서 '하나님을 아는 것'은 '성령의 역사'를 통해서만 이루어질 수 있습니다. 물론 '하나님에 관한 지식'은 우리가 하나님을 알기 위한 중요한 수단이기 때문에 중요합니다. '하나님에 관한' 바른 지식은 아무리 강조해도 지나치지 않을 만큼 중요합니다.(하나님에 관한 지식이 없으면, 하나님을 알 수 없고, 하나님과의 관계가 바르게 이루어질 수도 없습니다. 그리고 이렇게 되면, 이단을 바르게 분별할 수도 없습니다.)

하지만, '하나님에 관한 지식'은 '하나님을 아는 것'이 아닙니다. 가장 대표적인 사람들이 바리새인들이었습니다.

"또한 나를 보내신 아버지께서 친히 나를 위하여 증언하셨느니라 너희는 아무 때에도 그 음성을 듣지 못하였고 그 형상을 보지 못하였으며, 다만 하나님을 사랑하는 것이 너희 속에 없음을 알았노라"(요 5:37,42)

당시 바리새인들은 누구보다 하나님을 잘 알고 있다고 자부했습니다(롬 2:17-24참조). 하지만 예수님은 그들이 하나님을 알지 못한다고 말씀하셨습니다. 하나님을 아는 것은 '인격적인 교제'를 통해 이루어집니다.

셋째, 하나님을 아는 것은 어떻게 가능할까요?

말씀드린 것처럼, 하나님을 아는 것은 '인격적인 교제'를 통해 이루어집니다. 그리고 이것은 '성령님의 역사'를 통해 가능합니다. 바울은 에베소 교회를 위해 기도하면서 다음과 같이 기도했습니다.

"우리 주 예수 그리스도의 하나님, 영광의 아버지께서 지혜와 계시의 영을 너희에게 주사 하나님을 알게 하시고"(엡 1:17)

우리는 성령님의 역사를 통해서만 살아계신 인격체이신 하나님을 '깨달아' '알' 수 있습니다. 그래서 우리는 '성령님의 도우심'을 구해야 합니다. 살아가는 '매순간의 삶' 속에서도, 성경을 읽을 때에도, 예배를 드릴 때도, 기도할 때도 성령님의 도우심을 구해야 합니다. 성령님의 역사를 통해 우리는 하나님을 '아는 것'에서 자라갈 수 있습니다. 그리고 그렇게 하나님의 영광을 '보게' 될 때, 우리는 예수님처럼 변화될 수 있습니다. 이 모든 것은 성령님의 역사를 통해 이루어집니다.

"우리가 다 수건을 벗은 얼굴로 거울을 보는 것같이 주의 영광을 보매 그와 같은 형상으로 변화하여 영광에서 영광에 이르니 곧 주의 영으로 말미암음이니라"(고후 3:18)

성령님의 역사를 통해 매일의 삶 속에 하나님을 아는 것에서 자라가는 여러분이 되시기를 축원합니다.

함께 나누기

1. 하나님에 관해서 아는 것과 하나님을 아는 것은 어떻게 다릅니까?

2. 하나님을 아는 것은 어떻게 가능합니까?

3. 오늘의 말씀을 통하여 결단한 것은 무엇입니까?

한 주간의 기도 제목

나

가정

교회

/제11과/
하나님을 사랑하는 것

성경: 마태복음 22:37-38 / 찬송: 88장

"예수께서 이르시되 네 마음을 다하고 목숨을 다하고 뜻을 다하여 주 너의 하나님을 사랑하라 하셨으니 이것이 크고 첫째 되는 계명이요"(37,38절)

우리의 신앙의 본질은, '하나님을 알고 사랑하는 것'입니다. 그런데 여기서 중요한 것은 '하나님을 아는 것', '하나님을 사랑하는 것'이 무슨 뜻이냐는 것입니다. 우리는 하나님께서 말씀하시는 의미 그대로, '하나님을 알고, 사랑해야' 합니다. 오늘은 '하나님을 사랑하는 것'에 대해 살펴보겠습니다.

첫째, '하나님을 사랑한다'는 말의 의미는 무엇입니까?

"예수께서 이르시되 네 마음을 다하고 목숨을 다하고 뜻을 다하여 주 너의 하나님을 사랑하라 하셨으니 이것이 크고 첫째 되는 계명이요"(마 22:37,38)

성경에서 말하는 하나님을 사랑한다는 말의 의미는, 살아계신 인격체이신 하나님을 우리의 마음과 뜻을 다해, 우리의 생명을 다해 사랑하는 것을 의미합니다. 이 말은, 하나님을 우리의 유일한 생명으로 여기는 것을 뜻합니다. 왜냐하면 진정한 의미에서 사랑한다는 것은, 유일하고도 최고의 가치로 여기는 것이기 때문입니다.

그래서, 하나님을 사랑한다고 말하면서 돈이나 명예, 쾌락 등을 추구하는 것은 하나님을 사랑하는 것이 아닙니다. 하나님은 우리에게 하나님과 재물을 함께 섬길 수 없다고 말씀하고, 그렇게 하는 것을 '간음'이라고 말합니다. 그리고 그것은 '하나님과 원수 되는 것'입니다(약4:4 참조).

"한 사람이 두 주인을 섬기지 못할 것이니 혹 이를 미워하고 저를 사랑하거나 혹

이를 중히 여기고 저를 경히 여김이라 너희가 하나님과 재물을 겸하여 섬기지 못하느니라"(마 6:24)

"나의 힘이신 여호와여 내가 주를 사랑하나이다"(시 18:1)

하나님을 사랑하는 것은 온 마음과 뜻을 다해, 생명을 다해 하나님만을 사랑하는 것을 의미합니다.

둘째, 하나님을 사랑하는 것은 하나님을 아는 것과 깊은 관계가 있습니다

하나님을 아는 것이 없이는 하나님을 사랑할 수 없습니다. 그리고 하나님을 사랑하지 않으면 하나님을 알고 싶어하지 않습니다. 반면에 하나님을 알면 알수록 하나님을 사랑하게 되고, 하나님을 사랑하면 할수록 하나님을 알고 싶어합니다.

"또한 모든 것을 해로 여김은 내 주 그리스도 예수를 아는 지식이 가장 고상하기 때문이라 내가 그를 위하여 모든 것을 잃어버리고 배설물로 여김은 그리스도를 얻고"(빌 3:8)

여기서 "가장 고상하기 때문"이라는 말은, '가장 가치있기 때문'이라는 뜻입니다. 바울은 하나님의 사랑을 알았기 때문에, 바울 자신도 하나님을 사랑했고, 하나님을 사랑했기 때문에 하나님을 더욱 알기를 원했습니다. 그에게는 하나님을 아는 것이 가장 가치있는 일이었기 때문에, 다른 것들을 '배설물'로 여길 수 있었습니다.

셋째, 하나님을 사랑할 때 온전히 순종할 수 있습니다

"너희가 나를 사랑하면 나의 계명을 지키리라"(요 14:15)

"나의 계명을 지키는 자라야 나를 사랑하는 자니 나를 사랑하는 자는 내 아버지께 사랑을 받을 것이요 나도 그를 사랑하여 그에게 나를 나타내리라"(요 14:21)

"예수께서 대답하여 이르시되 사람이 나를 사랑하면 내 말을 지키리니 내 아버지께서 그를 사랑하실 것이요 우리가 그에게 가서 거처를 그와 함께하리라 나를 사랑하지 아니하는 자는 내 말을 지키지 아니하나니 너희가 듣는 말은 내 말이 아니요 나를 보내신 아버지의 말씀이니라"(요 14:23,24절)

우리는 하나님을 사랑할 때 하나님의 말씀에 온전히 순종할 수 있습니다. 헨리 블랙가비 목사님은, "우리가 하나님의 말씀에 순종하지 못하는 것은, 하나님을 사랑하는 것에 문제가 생겼기 때문이다"라고 하면서, "만약에 순종에 문제가 있다면, 하나님과의 사랑의 관계를 돌아보아야 한다"고 말합니다.

우리를 향하신 가장 크고 첫째가 되는 계명이 '하나님을 사랑하는 것'입니다. 하나님께서 말씀하신 의미 그대로 하나님을 사랑하는 여러분이 되시기를 예수님의 이름으로 축원합니다.

함께 나누기

1. 성도의 가장 크고 첫째 되는 계명은 무엇입니까?

2. 하나님을 사랑한다는 말의 의미는 무엇입니까?

3. 오늘의 말씀을 통하여 결단한 것은 무엇입니까?

한 주간의 기도 제목

나

가정

교회

/제12과/
하나님의 얼굴을 구하는 삶

성경: 시편 27:4 / 찬송: 95장

"내가 여호와께 바라는 한 가지 일 그것을 구하리니 곧 내가 내 평생에 여호와의 집에 살면서 여호와의 아름다움을 바라보며 그의 성전에서 사모하는 그것이라"(4절)

하나님을 알고 사랑하는, 하나님과의 친밀한 교제를 위해, '하나님의 얼굴을 구하는 삶'이 중요합니다. 왜냐하면 하나님께서는 '하나님 자신'을 구하여 나오는 사람들에게 '친밀함'을 주시고, '하나님의 길'을 보여주시기 때문입니다.

첫째, '하나님의 손을 구하는 삶' vs '하나님의 얼굴을 구하는 삶'입니다

하나님의 손을 구하는 삶은, 하나님께 나아갈 때 하나님의 '도움'만을 구하는 삶을 의미합니다. 반면에 하나님의 얼굴을 구하는 삶은, 하나님께 나아가는 목적이 '하나님의 도움'이 아니라 '하나님 자체'를 구하여 나아가는 삶을 의미합니다.

예를 들면, 이스라엘 백성들은 광야 생활할 때 먹을 것이 떨어지면 '먹을 것'을 구하고, 마실 것이 떨어지면 '마실 것'을 구했습니다. 적군이 오면 '적군을 제거해 달라'고 구하며 하나님께 나아갔습니다. 반면에 모세는 '문제해결'이 아니라 '하나님'을 구하며 나아갔습니다. 그는 하나님을 알기 원했고, 하나님의 길과 목적을 알기 원하여 하나님께 나아갔습니다.

"그의 행위를 모세에게, 그의 행사를 이스라엘 자손에게 알리셨도다"(시 103:7)

이 말씀에서, '행위'는 하나님의 길과 목적을 의미하고, '행사'는 하나님의 역사를 의미합니다. 모세에게는 하나님의 길과 목적을 보이시고, 이스라엘 백성들에게 '역사'(물,빵,고기 등)을 보이신 것은 그들이 그것을 구했기 때문입니다. 그런데 그들은 '하나님의 도움(역사)'은 누렸을지는 모르지만, 그들의 영혼은 죽어갔습니다.

"그러므로 여호와께서는 그들이 요구한 것을 그들에게 주셨을지라도 그들의 영혼은 쇠약하게 하셨도다"(시 106:15)

우리가 하나님의 얼굴을 구하는 삶을 살 때, 하나님과의 교제가 실제가 될 수 있습니다.

둘째, 하나님의 얼굴을 구하는 삶 자체가 하나님을 알고 사랑하는 삶입니다

"내가 여호와께 바라는 한 가지 일 그것을 구하리니 곧 내가 내 평생에 여호와의 집에 살면서 여호와의 아름다움을 바라보며 그의 성전에서 사모하는 그것이라"(시 27:4)

다윗은 신앙의 본질, 곧 하나님을 알고 사랑하는 삶을 살았습니다. 그래서 하나님은 다윗을 향해 '하나님의 마음에 합한 자'라고 말씀하셨습니다.

"폐하시고 다윗을 왕으로 세우시고 증언하여 이르시되 내가 이새의 아들 다윗을 만나니 내 마음에 맞는 사람이라 내 뜻을 다 이루리라 하시더니"(행 13:22)

그런 다윗의 삶을 가장 잘 요약하고 있는 구절이 시편 27편 4절 말씀입니다. 이 구절에서 다윗은 자신의 삶에서 구하는 것이 "단 한 가지"라고 말하면서, 그것을 '이전부터 지금까지, 그리고 지금부터 앞으로 계속' 곧 "자신의 평생에" 구한다고 말합니다. 그리고 다윗이 구하는 한 가지는 바로 '하나님'이었습니다. 그것을 세 가지로 표현합니다.

- '하나님의 집에 살면서'
- '하나님의 아름다움을 바라보며'
- '하나님의 성전을 사모하는 그것'

하나님의 집을 사모한다는 것은 '하나님의 임재를 사모한다'는 뜻이고, 하나님의 아름다움을 바라본다는 것은 '하나님의 영광을 바란다'는 뜻입니다. 그리고 '하나님의 성전을 사모한다'는 것은 '하나님께 묻는다'는 뜻입니다. 이것이 정확히 '하나님의 얼굴을 구하는 삶'입니다. 다윗도, 모세도, 바울도, 기독교 역사의 신실한 성도들은 모두 '하나님의 얼굴을 구하는 삶'을 살았습니다. 하나님은 그들에게 자신의 영광과 길을 보이셨습니다. 곧 그들에게 하나님과의 친밀함을 주셨습니다.

신앙의 본질은 하나님을 알고 사랑하는 것입니다. 그리고 그것을 위한 중요한 것이, 우리가 하나님의 얼굴을 구하는 삶을 사는 것입니다. 다윗처럼 하나님의 마음에 합한 여러분이 되시기를 예수님의 이름으로 축원합니다.

함께 나누기

1. 하나님의 '손'을 구하는 것과 하나님의 '얼굴'을 구하는 것의 차이를 설명해 보세요.

2. 시 27:4에서 다윗이 하나님의 얼굴을 구하는 삶은 어떤 삶이었습니까?

3. 오늘의 말씀을 통하여 결단한 것은 무엇입니까?

한 주간의 기도 제목

나

가정

교회

/제13과/
기도하고(P), 듣고(L), 순종하는(O) 삶

성경: 시편 119:34 / 찬송: 430장

"나로 하여금 깨닫게 하여 주소서 내가 주의 법을 준행하며 전심으로 지키리이다"(34절)

우리가 신앙의 본질을 추구하는 삶을 살기 위해서는 지속적으로 PLO의 삶을 살아야 합니다. PLO의 삶은 '기도하고(Pray), 듣고(Listen), 순종하는(Obey)' 삶입니다.

첫째, 날마다 하나님을 구하는 시간을 실제로 가져야 합니다

실제로 하나님을 구하는 시간을 갖지 않으면, 하나님과 동행하는 삶을 살 수 없습니다. 그리고 우리가 실제적으로 날마다 하나님을 구하는 시간을 갖기 위해서는 몇 가지 기억해야 할 것이 있습니다.

- '우선적으로' 하나님을 구하는 시간을 가져야 합니다.
- '정기적으로' 하나님을 구하는 시간을 가져야 합니다.
- '한적한 곳에서' 하나님을 구하는 시간을 가져야 합니다.
- '충분한 시간을' 가져야 합니다.

"예수의 소문이 더욱 퍼지매 수많은 무리가 말씀도 듣고 자기 병도 고침을 받고자 하여 모여 오되 (하지만 우선적으로) 예수는 물러가사 한적한 곳에서 기도하시니라"(눅 5:15,16)

"예수께서 나가사 습관을 따라 감람 산에 가시매 제자들도 따라갔더니"(눅22:39)

"이 때에 예수께서 기도하시러 산으로 가사 밤이 새도록 하나님께 기도하시고"(눅 6:12)

우리는 실제로 지속적으로 하나님과 동행하는 삶을 살아야 합니다.

둘째, 하나님을 구하며 나갈 때, '염려와 기도제목'을 내려놓고 나가야 합니다

하나님을 알고 사랑하는 삶, 곧 신앙의 본질 위에 서는 것을 위해 실제로 가장 중요한 부분입니다. 앞서 살펴보았지만, '하나님의 손을 구하여서'가 아니라 '하나님의 얼굴을 구하며' 하나님께 나가는 것입니다.

많은 성도들은 하나님께 예배를 드릴 때, 기도할 때, 곧 하나님께 나아갈 때, 그 시간이 공적인 시간이든, 개인적인 시간이든 '자신의 염려와 기도제목들'을 가지고 하나님께 나갑니다. 하나님은 우리의 염려와 기도제목들을 아십니다. 그리고 그것을 가지고 기도할 수도 있습니다. 하나님은 우리의 기도를 들으시고 응답하십니다. 하지만 우리가 하나님께 나아갈 때마다, 우선적으로 '우리의 염려와 기도제목들'을 가지고 간구한다면, 우리는 '하나님을 알고 사랑하는', 신앙의 본질 위에 설 수 없습니다. 곧 하나님이 기뻐하시는 신앙이 될 수 없습니다.

"그러므로 여호와께서는 그들이 요구한 것을 그들에게 주셨을지라도 그들의 영혼은 쇠약하게 하셨도다"(시 106:15)

이 구절을 한글개역성경에서는 '그들의 영혼이 파리해져 갔다' 곧 '그들의 영혼이 멸망했다'고 번역합니다. 히브리서 3장에서는 하나님께서 그들에게 진노하셨다고 말씀하고 있고, 그들이 하나님의 안식에 들어가지 못했다고 말씀합니다.

우리는 하나님께 나갈 때, 모든 염려와 기도제목들을 내려놓고 하나님을 구하며 나가야 합니다. 그래야 하나님을 알 수 있고, 하나님을 우리의 마음을 다하고 뜻을 다하여 사랑할 수 있습니다. 또한 그래야 하나님의 뜻에 온전히 순종할 수도 있습니다.

셋째, 하나님께 기도하고(P), 듣고(L), 순종하는(O) 모든 요소가 중요합니다

기도는 '하나님과의 대화이자 영적 호흡'이라고 합니다. 호흡은 '내쉬고, 들이쉬는'것입니다. 어떤 성도들은 기도한다고 하면서, 기도를 '자신의 말을 하나님께 하는 것'으로만 생각하는 사람들이 있습니다. 기도는 '말하고' '듣는' 것입니다. 또한 들었으면 순종해야 합니다. '기도하고(P)', '듣고(L)', '순종하는(O)' 모든 요소가 다 중요합니다.

어떤 사람들은 '기도만 하고', 어떤 성도들은 '들으려고만 하고', 어떤 성도들은 '행하려고만' 합니다. 이것은 건강한 신앙생활이 아닙니다. 세 가지 요소가 다 중요합니다. 지속적으로 하나님을 구하는 시간을 갖고, 그 시간을 통해 하나님의 뜻을 발견하고 순종하는 삶을 살아갈 때, 하나님과 동행하는 삶은 실제가 될 것입니다. 하나님과 동행하는 삶에서 자라갈 것입니다.

살아계신 하나님께서 여러분의 삶의 주인이 되셔서, 여러분을 통해 더욱 놀라운 열매를 풍성하게 맺으시는 복된 삶이 되시기를 예수님의 이름으로 간절히 축원합니다.

함께 나누기

1. 지속적으로 하나님을 구하는 삶을 위해 중요한 4가지는 무엇입니까?

2. 하나님과 동행하는 삶을 위해 우리는 날마다 어떤 삶을 살아야 합니까?

3. 오늘의 말씀을 통하여 결단한 것은 무엇입니까?

한 주간의 기도 제목

나

가정

교회

4월

제14과 하야의 축복

제15과 샤난의 축복

제16과 테필린의 축복

제17과 하가의 축복

/제14과/
하야의 축복

성경: 신명기 6:6 / 찬송: 200장

"오늘 내가 네게 명하는 이 말씀을 너는 마음에 새기고"

1. 하나님을 사랑하는 첫 번째 구체적인 행동 - '하야'

"하야"란 신명기 6장 6절에 나오는 단어 "새기고" 의 히브리어로서 '~이 되다' 는 뜻입니다. 따라서 신명기 6장 6절의 "이 말씀을 너는 마음에 새기고"는 "이 말씀이 너의 마음이 되고"라고 이해할 수 있습니다. 어떻게 말씀이 우리의 마음이 될 수 있을까요? 그것은 우리가 말씀을 우리의 마음에 가득 채워 우리의 행동, 생각, 판단, 결정이 하나님의 말씀과 일치하게 만드는 것을 의미하는 것입니다. 히브리인들은 이 본문을 고대로부터 "말씀을 암송하라"라는 뜻으로 이해해 왔습니다. 이는 말씀을 마음에 가득 채우는 가장 확실한 방법이 암송하는 것임을 나타냅니다.

"하야"는 말씀을 암송함으로써 말씀의 지배를 받는 것을 의미하며 하나님의 말씀이 마음 안에 늘 머물러 있어서 '말씀과의 일체화' 상태가 되는 것을 말하는 것입니다. 이것은 우리가 말씀으로 체질화 되어 마치 걸어다니는 성경(walking Bible)과 같은 사람이 되라는 강력한 의미를 내포하고 있는 것입니다. "하야" 명령은 신명기 6장 5절의 '네 하나님 여호와를 사랑하라'라는 명령 다음에 바로 등장하는 말씀으로서 말씀을 마음에 새기는(암송) 것이 하나님이 제시하시는 하나님을 사랑하는 첫 번째 명령이며 우리가 순종해야 할 구체적인 행위임을 알려주고 있습니다.

2. '하야' 명령에 순종하는 자들에게 나타나는 축복

시편 19편 7-9절에는 말씀을 마음에 가득 채우는 사람이 누릴 수 있는 축복이 여섯 가지로 제시되어 있습니다. 그 가운데 네 가지만 소개하도록 하겠습니다.

첫째, 영혼이 소성됩니다

여호와의 율법은 완전하여 영혼을 소성시킵니다(시 19:7). 말씀은 곧 그리스도십니다. 말씀이 우리의 마음을 가득 채우면 하나님이 우리의 마음에 가득 찬 것과 같습니다. 따라서 하나님의 성령이 우리의 병들고 지친 영혼을 회복시키고 다시 살리십니다. 말씀 암송은 우리를 영적으로 성장시키는 최고의 방법입니다. 세계적인 영성훈련 전문가 달라스 윌라드는 성경 암송의 효과를 이렇게 설명합니다.

"성경 암송은 영적 성장의 절대적 기초다. 영적인 삶의 모든 훈련들 가운데 한 가지를 선택해야 한다면 성경 암송을 선택할 것이다. 왜냐하면 성경 암송은 우리의 마음이 필요로 하는 것을 채워 주는 기본적인 방법이기 때문이다."

둘째, 우둔한 자를 지혜롭게 합니다

여호와를 경외하는 것이 지혜의 근본입니다(잠 9:10). 여호와를 경외하는 것의 구체적인 실천은 그분의 말씀을 경외하는 것입니다. 하나님의 감동으로 쓰인 성경을 우리가 암송하면 우리가 위로부터 오는 지혜를 갖게 됩니다. 성령님은 성경을 쓴 저자들에게 감동하셔서 성령의 지혜로 성경을 쓰게 하셨을 뿐 아니라 오늘날 그 말씀을 마음에 새기는 우리에게도 동일하게 감동하셔서 우리를 지혜로운 인물로 만드실 것입니다.

대표적인 사례가 유대인입니다. 그들의 평균 IQ는 94로 세계 45위에 불과합니다. 그러나 그들은 어려서부터 성경을 암송한 결과 세계에서 가장 우수한 두뇌를 가진 민족이 되었습니다.

셋째, 마음을 기쁘게 합니다

사람의 뇌는 쉬지 않고 무엇인가를 생각합니다. 사탄은 우리에게 쉬지 않고 걱정과 분노, 슬픔, 절망 등 부정적인 감정의 씨앗을 뿌립니다. 이때 우리가 주야로 말씀을 암송하고 묵상하면 말씀이 영적 방패가 되어 부정적이고 불안한 감정을 긍정적으로 바꿔줍니다.

세계적인 크리스천 뇌신경학자 티머시 제닝스는 그의 책 『뇌, 하나님의 설계의 비밀』에서 말씀 묵상은 우리 뇌의 불안감지 기관인 편도체의 기능을 안정화하여 과도한 불안과 두려움에서 벗어나게 해주고 합리적인 사고를 할 수 있게 하는 역할을 한다고 했습니다. 따라서 말씀을 주야로 장소를 가리지 않고 암송한다면 두려움과 분노, 염려 등 부정적인 생각이 끼어들 틈이 없어지게 되고 항상 기뻐할 수 있는 축복을 누리게 됩니다.

넷째, 눈을 밝게 합니다

여기서 눈을 밝게 한다는 것은 영적 분별력이 생긴다는 뜻입니다. 무엇이 옳고 그른지 판단력이 분명해지는 것입니다. 우리는 매일 매순간 죄의 유혹 앞에 놓여 있습니다. 어떻게 이런 죄를 이길 수 있습니까? 그것은 우리가 말씀을 통해 분별해 낼 때에만 가능합니다. 미국에서 가장 존경받는 목회자 1위로 선정된 존 파이퍼는 오늘날 그리스도인들이 죄의 유혹을 끊고 하나님과 동행할 수 있는 가장 좋은 방법이 성경 암송이라고 주장합니다. 아무리 명설교를 매주 듣고, 회개를 한다고 해도 죄를 이길 수 있는 것이 아니며 하나님의 말씀이 마음에 가득할 때 죄를 이기고 하나님을 경험하는 삶을 살 수 있다는 것입니다.

함께 나누기

1. 신명기 6장 6절에 나오는 '새기고'의 히브리어는 무슨 뜻입니까?

2. 말씀 암송에 순종하는 자들에게 나타나는 네 가지 축복은 무엇입니까?

3. 오늘의 말씀을 통하여 결단한 것은 무엇입니까?

한 주간의 기도 제목

나

가정

교회

/제15과/
샤난의 축복

성경: 신명기 6:7 / 찬송: 199장

"네 자녀에게 부지런히 가르치며 집에 앉았을 때에든지 길을 갈 때에든지 누워 있을 때에든지 일어날 때에든지 이 말씀을 강론할 것이며"

지난주에 우리는 하나님을 사랑하는 첫 번째 구체적인 방법이 하야(마음에 새기다)라는 사실을 알게 되었습니다. 오늘은 하나님을 사랑하는 두 번째 구체적인 방법인 샤난에 대해 배우고자 합니다.

1. 하나님을 사랑하는 두 번째 구체적인 행동 – '샤난'

샤난이란 본문의 "부지런히 가르치며'로 번역된 히브리어입니다. 샤난의 어원적 의미는 '갈아서 날카롭게 하다'입니다. 이 단어의 어원에 따르면, 부모들은 자녀들에게 말씀을 반복하여 교육하면서 동시에 교육시키는 내용이 항상 날카로운 칼날처럼 자녀의 삶을 뚫고 들어가야 한다는 것입니다. 따라서 샤난은 반복교육을 의미합니다.

영어 성경은 이 '부지런히 가르치며'를 '계속계속 반복하며'라고 표현합니다. 샤난은 반복교육을 통해 자녀들을 말씀으로 체질화시키며 말씀에 절대적으로 순종하는 사람으로 만들라는 명령입니다. 이러한 반복교육은 필연적으로 성경을 암송하는 결과로 이어집니다. 마치 모든 기독교인들이 주기도문과 사도신경을 예배 때마다 반복한 결과 저절로 암송하게 되는 것과 같습니다.

하야는 부모들에게 명령한 성경암송 명령이고, 샤난은 자녀들을 위한 성경암송 명령으로 볼 수 있습니다. 부모들은 이 명령에 따라 자기 자신이 먼저 말씀을 마음에 새겨야 하며 그 새겨진 말씀을 자녀들에게도 부지런히 가르침으로써 신앙을 전수해야 하는 것입니다. 이러한 헌신이 바로 하나님을 사랑하는 사람들의 진정한 모습입니다.

2. 샤난 명령에 순종하는 자들에게 나타나는 축복

자녀들에게 말씀을 부지런히 가르치면 어떠한 축복을 받게 되는지를 말해 주는 본문은 시편 112편입니다.

첫째, 내면의 행복입니다

"할렐루야, 여호와를 경외하며 그의 계명을 크게 즐거워하는 자는 복이 있도다"(시 112:1)

여호와의 계명을 크게 즐거워하는 자는 말씀을 마음에 새기는 자이며 주야로 묵상하는 자입니다(시 1:2). 여기서 복은 내면의 행복을 의미하는 '에셰르'입니다. 에셰르는 하나님의 임재로 충만한 사람의 마음에 찾아오는 평강과 만족감을 뜻합니다. 이러한 만족감은 이 세상의 그 어떤 물질이 줄 수 없는 영적인 풍요함입니다. 물질적 풍요보다 더 중요한 것이 마음의 풍요이며 영적인 풍요입니다. 하나님의 말씀을 소유한 자녀들은 이러한 풍요로움을 누리게 될 것입니다.

둘째, 땅에서 강성하게 됩니다

"그의 후손이 땅에서 강성함이여 정직한 자들의 후손에게 복이 있으리로다"(시 112:2)

땅에서 강성하다는 말은 땅에서 부요하게 된다는 의미입니다. 3절에 그 의미가 더 자세히 기록되어 있습니다.

"부와 재물이 그의 집에 있음이여 그의 공의가 영구히 서 있으리로다"(시 112:3)

하나님은 그의 말씀을 경외하는 자들에게 내면의 행복뿐만 아니라 이 땅에서의 물질적 축복을 약속해 주십니다. 돈을 사랑하는 것은 일만 악의 뿌리가 되지만(딤전 6:10) 하나님이 주신 물질을 선하게 사용하는 청지기에게는 더욱 많이 맡겨 주시는 것이 하나님의 공의입니다(마 24:45-47).

셋째, 사회적인 영향력이 커집니다

"정직한 자들에게는 흑암 중에 빛이 일어나나니 그는 자비롭고 긍휼이 많으며 의로운 이로다"(시 112:4)

죄가 창궐하는 이 세상은 흑암의 세계와 같습니다. 이러한 어둠의 세계에서 빛을 비추는 사람은 바로 하나님의 사람입니다. "흑암 중에 빛이 일어나나니"라는 말은 '흑암 가운데서도 빛이 비친다'라는 뜻으로서 하나님은 말씀의 사람에게 빛을 비추어 그 빛을 세상에 비추게 하십니다.

넷째, 영생의 복을 누립니다

"그는 영원히 흔들리지 아니함이여 의인은 영원히 기억되리로다"(시 112:6)

영원히 흔들리지 않는다는 것은 그의 믿음이 굳건하여 어떤 환난에서도 흔들리지 않고 영생을 얻는 것을 의미합니다. 그는 말씀의 반석 가운데 굳게 서 있기 때문에 천국 가는 그 날까지 결코 시험에 넘어지지 않습니다. 이것은 우리가 자녀들에게 말씀을 부지런히 가르쳐야 하는 가장 중요한 이유입니다.

그 어떤 유산보다 더 귀한 유산은 바로 영적 유산입니다. 그 영적 유산의 최종 종착지는 천국입니다. 만일 자녀들에게 천국이라는 유산을 물려주지 못하고 그저 이 땅에서의 성공과 번영만을 물려준다면 그러한 부모는 결코 자녀를 사랑하지 않는 것입니다.

함께 나누기

1. 샤난은 무슨 뜻입니까?

2. 말씀을 부지런히 가르칠 때 나타나는 네 가지 축복은 무엇입니까?

3. 오늘의 말씀을 통하여 결단한 것은 무엇입니까?

한 주간의 기도 제목

나

가정

교회

/제16과/
테필린의 축복

성경: 신명기 6:8-9 / 찬송: 202장

"너는 또 그것을 네 손목에 매어 기호를 삼으며 네 미간에 붙여 표로 삼고 또 네 집 문설주와 바깥 문에 기록할지니라"

첫째, 왜 말씀을 손목에 맵니까?(신 6:8)

하나님의 말씀을 '손목에 매어 기호를 삼으라'라는 것은 말씀이 모든 행동의 중심이 되어야 한다는 뜻입니다. 손목은 단순히 우리 신체의 한 부분이 아니라 인간 행동의 출발점입니다. 손목이 하는 일이 곧 내 인격이 하는 일이 됩니다. 그러므로 우리의 손목이 '변화' 되지 않으면 내 인격도 변화되지 않은 것이 됩니다.

부모가 선을 베풀고 이웃을 섬기는 데 손목을 사용하면 자녀들도 그 모습을 보고 배우게 될 것입니다. 그러므로 손목에 하나님의 말씀을 매라는 것은 기독교인들에게 '성화'된 삶을 통해 믿음의 본을 보이라는 명령과 동일한 것입니다. 유대인들이 이 말씀을 문자적으로 해석하여 '테필린'이라는 검은색의 가죽상자를 만들어서 그 안에 신명기 6:4-9, 11:13-21, 출애굽기 13:1-10, 11-16절 말씀을 기록한 종이를 집어넣고 매일 새벽 기도할 때마다 손목과 이마에 착용하고 그 말씀으로 기도를 합니다. 테필린은 기도를 의미하는 테필라에서 유래한 것으로 말씀이 곧 기도로 올려지는 것을 말하는 것입니다.

둘째, 왜 말씀을 미간에 붙입니까?(신 6:8)

"네 미간에 붙여 표로 삼으라"라는 것은 하나님의 말씀이 생각의 중심이 되어야 한다는 뜻입니다. 오늘날 크리스천들의 사고와 판단의 기준은 무엇인가요? 대학입시를 앞에 둔 수험생 자녀들이 주일날 교회에서 예배드리는 것보다 학원에서 대입을 준비하는 것을 더 기뻐하는 부모가 있다면 그의 사고와 판단의 기준은 하나님의 말씀이 아닌 인본주의입니다. 테필린 말씀은 우리에게 우리의 사고와 판단의 기준을 다시 한번 점검하고 하나님의 말씀을 기준으로 삼으라고 명령하고 있습니다. 하나님을 믿지 않는 자들의 판단 기준은 대부분 문화적 전통 속에서 습득된 가치관들 또는 세속적이고 물질주의적인 가치관에 의해 수립된 기준입니다.

셋째, 왜 말씀을 문설주에 붙입니까?(신 6:9)

"네 집 문설주에 기록하라"는 것은 하나님의 말씀이 가정생활의 중심이 되어야 한다는 뜻입니다. 가정은 부모세대의 가치관과 문화 그리고 신앙을 자손들에게 자연스럽게 전달하는 삶의 자리입니다. 가정에서 자녀들은 부모로부터 가장 중요한 사상을 배우게 됩니다. 가정에서 하나님의 말씀이 교육되지 않고 강조되지 않으면 자녀들은 바깥세상에서 받은 세상적 영향력을 가정으로 가지고 들어 올 것입니다. 부모는 가정에 늘 하나님 말씀을 붙여 놓고 자녀들로 하여금 그 말씀을 사랑하고 실천하도록 가정의 분위기를 이끌어 가야 합니다. 그래야 세속적인 문화가 가정의 중심이 되지 않고 하나님의 말씀이 중심이 될 수 있는 것입니다. 유대인들은 이 말씀을 문자적으로 해석하여 이 본문이 담긴 성경 구절을 집어넣은 '메주자'라는 성구함을 가정의 문 안과 밖에 붙여 놓고 늘 하나님의 말씀을 생각하게 만듭니다. 우리도 가정에서 하나님의 말씀이 중심이 되도록 늘 말씀을 눈에 보이는 곳에 붙여 놓고 그 말씀을 생각하도록 몸부림쳐야 합니다. 그럴 때 비로소 우리의 자녀들이 세상의 가치관에 흡수되지 않게 될 것입니다.

넷째, 왜 말씀을 바깥문에 기록합니까?(신 6:9)

"바깥문에 기록하라"는 것은 하나님의 말씀이 사회생활의 중심이 되어야 함을 뜻하는 것입니다. 가정에서 아무리 부모의 영향 아래서 경건한 생활을 한다고 해도 세상은 우리와 우리의 자녀들을 유혹하고 넘어뜨립니다. 세상의 가치관은 우리의 신앙적 가치관을 위협합니다. 그러므로 하나님의 말씀은 가정 안에서보다 바깥에서 더욱 필요한 것입니다. 사회생활, 학교생활 가운데서도 여전히 하나님의 말씀이 기준이 되고 중심이 되어야 한다고 성경은 가르치고 있습니다.

부모들은 자녀들이 집에서 세상으로 나갈 때와 집으로 다시 들어 올 때마다 말씀 암송과 기도를 통해 인본주의적 영향력을 떨쳐내고 성경적 사고방식과 행동을 유지할 수 있도록 도와주어야 합니다. 말씀을 손목과 이마에 붙이는 것, 문설주와 바깥문에 붙이는 것은 말씀을 삶의 모든 영역 속에서 실천하고 적용하는 것을 의미합니다.

이것은 말씀을 암송하고 자녀들에게 잘 가르치는 것으로 끝나지 않고 생활의 모든 영역 속에서 하나님의 말씀이 중심이 되도록 하라는 명령입니다. 이러한 태도로 주님의 말씀을 소중히 여기는 것이 하나님이 원하시는 하나님 사랑의 방법입니다. 이 말씀에 순종하여 하나님의 기쁨이 되는 축복 된 인생을 사는 우리 모두가 되기를 기도합니다.

함께 나누기

1. 테필린이란 무엇입니까?

2. 왜 말씀을 손목에 매고 이마에 붙이라고 했습니까?

3. 왜 말씀을 문설주와 바깥문에 기록하라고 했습니까?

한 주간의 기도 제목

나

가정

교회

/제17과/

하가의 행복

성경: 시편 1:1-2 / 찬송: 204장

"복 있는 사람은 악인들의 꾀를 따르지 아니하며 죄인들의 길에 서지 아니하며 오만한 자들의 자리에 앉지 아니하고 오직 여호와의 율법을 즐거워하여 그의 율법을 주야로 묵상하는도다"

1. 시편의 주제

시편의 주제는 행복입니다. 시편 1편 1절에 등장하는 '복'이 바로 시편의 주제이고 이 '복'은 히브리어로 '에셰르'로서 행복을 의미하는 단어입니다. 시편은 누가 이 세상에서 행복한 삶을 살 수 있는지 우리에게 가르쳐 주는 행복 교과서입니다. 시편에서 강조하는 행복의 비결은 무엇일까요? 그것은 시편 73편 28절에 잘 나타나 있습니다.

"하나님께 가까이함이 내게 복이라 내가 주 여호와를 나의 피난처로 삼아 주의 모든 행적을 전파하리이다"(시 73:28).

인간이 행복할 수 있는 유일한 조건은 바로 창조주 하나님을 가까이하는 것입니다. 하나님은 우리를 지으신 분이시므로 우리의 체질을 아시며 우리가 먼지와 같은 연약한 존재임을 잘 아시는 분이십니다(시 103:14). 그러므로 이렇게 연약한 인간이 행복할 수 있는 조건은 돈이나, 명예나 좋은 환경이 아니며 오직 전능하신 하나님의 보호와 은혜를 누리는 것뿐입니다.

2. 행복한 사람의 특징(시 1:2)

시편에 등장하는 행복한 사람의 특징은 두 가지로 나타납니다.

첫째, 여호와의 율법을 즐거워합니다

우리는 우리가 즐거워하는 것을 가까이합니다. 드라마를 좋아하는 사람은 TV나 핸드폰을 가까이하고, 낚시를 좋아하는 사람은 낚시터에서 많은 시간을 보냅니다. 그러나 진정한 행복을 누리는 사람은 하나님의 말씀을 즐거워합니다. 그래서 그 말씀을 가까이하고 그 말씀을 알고자 힘씁니다. 규장출판사의 설립자인 여운학 장로님이 쓴 『말씀이 너무나 좋아서』라는 책을 보면 여운학 장로는 말씀이 너무나 좋아서 말씀을 한글과 영어로 암송하기 시작했다고 합니다. 그는 40세에 예수님을 영접한 후 90세로 소천하실 때까지 하루도 거르지 않고 말씀을 암송하며 행복한 삶을 살았다고 증언했습니다. 참으로 말씀을 즐거워하는 사람은 행복합니다.

둘째, 말씀을 주야로 묵상합니다

우리가 뭔가를 좋아하면 하루종일 그 일을 해도 싫증이 나지 않습니다. 하나님의 말씀을 즐거워하는 사람은 하루종일 그 말씀과 함께하고 싶어하고 그 말씀을 주야로 묵상합니다. 그런데 '묵상'은 '잠잠히 생각하다'라는 일반적인 의미와 전혀 다른 의미를 가지고 있습니다. 묵상의 히브리어 '하가'는 '말하다', '중얼거리다', '으르렁거리다'라는 뜻이 있습니다.

시편 143:5(읊조리다)

"내가 옛날을 기억하고 주의 모든 행하신 것을 읊조리며 주의 손이 행하는 일을 생각하고"

시편 35:28(말하다)

"나의 혀가 주의 의를 말하며 종일토록 주를 찬송하리이다"

이사야 31:4(으르렁거리다)

"여호와께서 이같이 내게 이르시되 큰 사자나 젊은 사자가 자기의 먹이를 움키고 으르렁거릴 때에 그것을 치려고 여러 목자를 불러왔다 할지라도 그것이 그들의 소리로 말미암아 놀라지 아니할 것이요 …”

이상의 용례를 살펴보면 성경의 여러 곳에서 묵상(默想)으로 번역된 하가는 '반복하다'라는 특징과 '입으로 소리를 내다'라는 특징이 있습니다. 결코 침묵 가운데 수행이나 깊은 사색을 하는 정적(靜的)인 개념이 아닙니다. 현대교회들이 많이 강조하고 있는 QT를 말하는 것도 아닙니다. 이것은 사람이 말을 하는 소리, 짐승이 자신의 먹이로 인해 즐거워서 부르짖는 소리 등 입술을 통해 무엇인가를 외적으로 표현하는 동적(動的)인 개념입니다. 하가는 성경이 너무나 귀하여 아무나 가지고 있지 못했던 시대의 백성들이 하나님의 계명을 잊지 않고 기억하며 그 말씀의 깊은 의미를 되새기기 위해 부모나 선생으로부터 배운 말씀을 조용한 목소리로 반복 암송했음을 증거 하는 단어입니다. 시편 119편 97절은 주의 말씀을 너무나 사랑하여 하루종일 읊조리는 행복한 사람의 고백이 등장합니다.

“내가 주의 법을 어찌 그리 사랑하는지요 내가 그것을 종일 작은 소리로 읊조리나이다”(시 119:97)

'하가'는 신명기 6장 6절의 '하야'로 가기 위한 과정으로 이해할 수 있습니다. '하야'가 '말씀과의 완전한 연합'과 '말씀의 체질화'를 의미하고, '하가'는 말씀을 사모하여 그 말씀을 입술로 반복하여 읊조리는 행위를 뜻하기 때문에 '하가'는'하야'에 도달하기 위해 매일 실천해야 훈련방법입니다. 날마다 하가의 실천을 통해 참된 행복을 누리는 우리 모두가 되기를 소원합니다.

함께 나누기

1. 시편의 주제는 무엇입니까?

2. 행복한 사람은 어떤 특징이 있습니까?

3. 하가와 하야는 어떤 관련이 있습니까?

한 주간의 기도 제목

나

가정

교회

5월

/제18과/
사랑으로 대화하는 가정

성경: 야고보서 3:1-10 / 찬송: 288장

"우리가 다 실수가 많으니 만일 말에 실수가 없는 자라면 곧 온전한 사람이라 능히 온 몸도 굴레 씌우리라"(2절)

모든 가정이 행복하기를 바라지만 불행한 이유는 대화의 빈곤과 대화의 단절 때문입니다. 모든 관계에서 대화가 막히는 것만큼 심각한 것은 없습니다. 진실한 크리스천이요 심리학자인 폴 투르니에는 "인생이 인생 되기 위해서는 대화가 필수적이다"라고 말했습니다.

그러나 이 시대의 사람들은 미움과 분노의 언어를 가지고 있습니다. 우리가 그것을 축복의 언어로 바꿔야 합니다. 가족들은 항상 행복한 가정을 꿈꾸며 대화를 잘해야 합니다.

첫째, 말의 중요성을 기억하고 진심으로 대화하는 시간을 가져야 합니다

말은 불과 같습니다. 불이 한번 붙으면 순식간에 번져나가는 것과 같이 말 한마디의 여파는 엄청납니다. 한 가정 연구소의 조사에 의하면 자녀를 성공시키는 것은 좋은 환경이나 교육보다도 부모의 말에 있다고 합니다. 좋은 말을 하면 좋은 자녀가 되고, 자녀에게 믿음을 심어 주는 말을 하면 신앙인이 됩니다. 또한 가정에서 남편의 말은 아내의 삶에 큰 영향을 줍니다.

남편의 말에는 항상 축복과 칭찬이 담겨 있어야 합니다. 그런데 남편이 아내의 흠만 찾아내고 항상 아내를 무시하면 결혼 생활은 벼랑 끝으로 치닫고, 결국 자신과 아내의 인생이 모두 무너져 버립니다. 많은 아내들이 절망하는 이유는 남편이 축복과 칭찬의 말을 하지 않기 때문입니다.

결혼한 부부가 정서 장애를 겪는 주된 원인 중 하나는 자기 가치 부재입니다. 그것은 부부가 서로 인정의 말을 해주지 않기 때문입니다. 가정에서 하나님의 기적과 행복을 원한다면 지금부터라도 배우자를 칭찬하고 인정하고 격려하며 대화해야 합니다.

둘째, 가족의 대화가 축복이 되도록 하나님의 은혜로 마음이 변해야 합니다

언어가 사람을 살리는 언어로 바뀌려면 하나님의 은총을 경험해야 합니다. 하나님이 우리에게 "너는 특별한 존재다. 내가 너를 사랑한다."라고 말씀하십니다. 인정의 말씀을 듣고 가족에게 축복하면 행복한 가정이 이루어집니다.

한 연구에 의하면 백년해로(百年偕老)한 부부나 파경을 맞은 부부도 다 부부 싸움을 합니다. 다만 행복한 부부는 싸움을 할 때도 되도록 상대방에게 상처를 주는 말을 삼갑니다.

그러나 갈등이 심하고 파경을 맞는 부부는 상대방을 칼로 찌르는 것처럼 함부로 말합니다. 예수님은 마음에 가득한 것을 입으로 말한다고 하셨습니다. 사람은 마음에 가득한 것을 말할 수밖에 없습니다. 사랑이 가득하면 사랑과 친절의 말을 합니다. 마음에 쓴 뿌리, 상처, 악함이 있으면 악한 말을 해서 상처를 주게 됩니다. 선한 말을 하려면 먼저 주님의 선과 사랑이 내면에 가득해야 합니다.

셋째, 항상 하나님의 음성을 듣고 하나님의 말씀을 전하는 가족이 되어야 합니다

언어가 사람을 살리는 생명의 언어로 바뀌려면 우리는 하나님의 말씀을 들어야 합니다. 기독교는 말씀의 종교입니다. 하나님께서는 우주만물(宇宙萬物)을 말씀으로 창조하시고 말씀으로 우리를 구원하시고 우리와 동행하십니다.

하나님께서 아담과 하와에게 말씀으로 복을 주셨습니다. 아브라함을 보내실 때 하나님은 이렇게 말씀하십니다. "내가 너로 큰 민족을 이루고 네게 복을 주어 네 이름을 창대하게 하리니 너는 복이 될지라."(창 12:2) 성경에 보면 믿음의 사람들은 축복하는 사람들이었습니다. 우리도 주님과 동행하며 하나님의 음성을 들으면 가족을 축복하게 됩니다. 이제는 하나님의 음성이 그리스도인의 마음에 가득하도록 항상 하나님의 말씀을 경청해야 합니다. 사랑과 믿음으로 가족과 이웃을 존경하며 우리의 가족들과 이웃들을 축복하고 행복한 가정을 이루며 행복한 세상을 만들어야 합니다.

함께 나누기

1. 오늘 본문 중에서 가장 인상적인 말씀은 무엇입니까?

2. 왜 그 말씀이 가장 인상적이라고 생각합니까?

3. 한 주간 동안 실천해야 될 말씀은 무엇입니까?

한 주간의 기도 제목

나

가정

교회

/제19과/

예수님을 모신 가정

성경: 요한복음 2:1-11 / 찬송: 91장

"연회장은 물로 된 포도주를 맛보고도 어디서 났는지 알지 못하되 물 떠온 하인들은 알더라 연회장이 신랑을 불러 말하되 사람마다 먼저 좋은 포도주를 내고 취한 후에 낮은 것을 내거늘 그대는 지금까지 좋은 포도주를 두었도다 하니라"(9-10절)

우리의 삶에 예수님을 모시면 모든 문제가 해결되고 새로운 기쁨이 찾아옵니다. 예수님은 한 결혼 잔치에서 행하신 기적을 통해 그 회복의 비밀을 알려주십니다. 유대인들에게 결혼식은 그 마을 전체의 행사입니다.

그런데 포도주가 떨어졌다는 것은 돌이킬 수 없는 큰 수치요 문제입니다. 이것은 우리 삶의 불행과 비극을 보여주는데 의미가 있습니다. 예수님은 기적을 행하여 슬픔과 절망의 잔치를 기쁨과 행복으로 바꾸셨습니다.

첫째, 행복한 가정을 회복하려면 예수님을 우리 일상의 삶에 초청해야 합니다

예수님은 가나의 혼인 잔치에 초대를 받으셨습니다. 결혼식은 세상적인 일입니다. 그런데 예수님은 그 일상적인 일을 아주 소중하게 여기셨습니다. 예수님은 일상적인 삶의 문제들을 작게 보시지 않습니다. 그러므로 일상적인 삶의 순간에 예수님을 초대해서 주님의 도우심을 받아야 합니다. 예수님이 갈릴리의 한 가정에 찾아오심으로 포도주가 모자라던 잔치에 걱정이 해결되고 오히려 기쁨으로 충만하게 됩니다. 성경에서 포도주는 기쁨의 상징입니다. 이 상황은 당시의 영적으로 빈곤한 실상을 말해줍니다.

우리도 그럴 수 있습니다. 형식은 있으나 심령이 비어있으면 모든 기쁨이 사라져 버립니다. 이때 할 일은 오직 예수님을 초대하는 것입니다. 우리의 가정과 삶에 예수님을 모시면 모든 문제가 해결되고 새로운 기쁨이 있게 됩니다.

예수님이 세상에 오신 최대의 목적은 인생의 참 기쁨을 주시려는 것입니다. 사람이 삶의 주인이신 예수님과 동행하게 되면 진정한 행복과 기쁨이 시작됩니다.

둘째, 행복한 가정을 회복하려면 예수님께 나아와서 간구해야 합니다

기적이 일어나려면 전능하신 예수님께 나아가야 합니다. 마리아는 예수님이 모든 문제를 해결하실 수 있음을 믿었습니다. 포도주를 만드는 일은 대단히 개인적인 일이지만 마리아는 이것을 예수님과 의논하였습니다. 마리아는 단순하며 절대적인 믿음이 있었습니다. 가나 혼인잔치의 문제는 그 자리에 예수님이 계셨고 또 기도했기 때문에 극복할 수 있었습니다.

우리의 부족한 모습, 문제를 그대로 가지고 주님께 나아가야 합니다. 문제를 안고 주님께 나아가는 것이 문제 해결의 시작입니다. 가정에 문제가 있을 때 주님 앞에 나아가 기도해야 합니다.

하나님은 인간에게 참된 기쁨과 행복을 주기 원하십니다. 하나님을 알지 못하고 슬픔과 절망 속에서 방황하던 인생이 예수님을 만나면 삶의 새로운 의미와 기쁨을 누리게 됩니다. 예수님을 초대하고 신뢰하며 기도하는 가정마다 행복하게 됩니다.

셋째, 행복한 가정을 회복하려면 예수님의 말씀에 온전히 순종해야 합니다

예수님이 행하신 기적의 자리에는 순종이 매우 중요합니다. 예수님은 하인들에게 항아리에 물을 채우라고 분부하셨습니다. 하인들은 물을 채울 때 대충 채운 것이 아니라 '아구까지 가득' 채웠습니다.

주님을 신뢰하며 순종하여 포도주를 원하는 손님들에게 물을 갖다 줄 때 기적이 일어났습니다. 하인들의 온전한 순종이 기적을 낳았습니다. 이 기적은 믿음의 기적이었고 순종의 기적입니다.

그리스도인은 문제와 상황보다 하나님을 바라보고 주님의 말씀을 믿고 순종해야 합니다. 예수님이 함께하시면 맹물 같은 인생이 전보다 더 좋은 포도주 같은 행복한 인생으로 변합니다. 예수님은 기쁨과 생명을 잃은 우리를 위해 죄를 지시고 십자가에서 피 흘려 죽으셨습니다.

그리고 부활하신 예수님은 우리의 주인이 되셔서 구원의 기쁨과 참된 행복을 가정에 회복시키십니다. 예수님을 삶의 주인으로 모시고 새 출발을 해야 합니다.

함께 나누기

1. 오늘 본문 중에서 가장 인상적인 말씀은 무엇입니까?

2. 왜 그 말씀이 가장 인상적이라고 생각합니까?

3. 한 주간 동안 실천해야 될 말씀은 무엇입니까?

한 주간의 기도 제목

나

가정

교회

/제20과/

믿음으로 화목한 가정

성경: 잠언 15:15-18 / 찬송: 304장

"고난 받는 자는 그 날이 다 험악하나 마음이 즐거운 자는 항상 잔치하느니라 가산이 적어도 여호와를 경외하는 것이 크게 부하고 번뇌하는 것보다 나으니라 채소를 먹으며 서로 사랑하는 것이 살진 소를 먹으며 서로 미워하는 것보다 나으니라 분을 쉽게 내는 자는 다툼을 일으켜도 노하기를 더디 하는 자는 시비를 그치게 하느니라"

행복한 가정을 만들어가는 것은 인생에 가장 소중한 일입니다. 하나님은 우리가 예수 안에서 하나 되고 행복한 가정을 이루기를 원하십니다. 재산이 많아도 형제자매끼리 다투면 행복하지 않습니다.

하나님을 중심에 모시는 가정은 참된 안식과 평안과 행복을 누릴 수 있습니다. 그러면 행복하고 화목한 가정이 되기 위한 필요조건은 무엇입니까?

첫째, 행복하고 화목한 가정이 되려면 마음이 즐거워야 합니다

마음이 즐거운 사람은 모든 날이 잔칫날이고, 마음이 편하면 모든 삶이 잔치같이 행복합니다. 하나님은 우리 인간의 몸과 마음을 창조하셨습니다. 하나님께서 심령에 기쁨을 주시면 어떤 환경에 처하든지 행복한 사람이 될 수 있습니다. 대부분의 사람들은 소유에서 행복의 조건을 찾습니다. 소유를 통한 기쁨은 잠깐이요 참된 행복이 아닙니다. 성경은 생명의 근원이 마음에서 나온다고 말합니다.

파스칼은 "이 세상에서 제일 행복한 사람은 그 마음에 하나님을 모시고 사는 사람이다"라고 말하였습니다.

행복이란 단어의 원어적 의미는 '하나님께서 내려주시는 복'을 의미합니다. 그리스도인은 마음이 즐겁지 못할 이유가 없습니다. 하나님은 행복을 풍성하게 공급하여 주십니다. 인생에는 고난이 있지만 창조주이신 하나님만이 우리 아버지이시며 우리와 함께하십니다. 예수님을 믿는 것 한 가지만을 가지고도 우리는 잔칫날 같은 행복한 삶을 살아갈 수 있습니다.

둘째, 행복하고 화목한 가정이 되려면 하나님을 경외해야 합니다

행복은 모든 식구가 하나님을 경외하는 데 있습니다. 갤럽(미국의 통계학자)은 미국 전역에서 사람들이 인생에서 가장 관심을 두고 있는 것이 바로 '행복'이라는 사실을 알아내었습니다.

또한 갤럽은 어떤 사람들이 행복한 사람들인지 조사하기 시작했고 조사결과는 이렇습니다. 무엇보다 먼저 신앙을 가지고 있고, 믿음의 체험을 경험한 사람들의 행복도가 가장 높았습니다. 그리고 반대로 가장 행복도가 낮은 사람들은 바로 알코올 중독자들이었습니다. 행복은 소유나 좋은 환경에 있지 않습니다. 하나님을 마음과 가정 속에 모시면 참 행복을 누릴 수 있습니다.

시편 기자는 여호와를 경외하며 그의 계명을 크게 즐거워하는 자는 복이 있다고 노래하였습니다(시 112:1-2). 하나님께로 돌아와 하나님을 경외하며 말씀을 중심으로 살아야 참된 삶이 회복됩니다.

셋째, 행복하고 화목한 가정이 되려면 서로 사랑해야 합니다

본문 17절에 "채소를 먹으며 서로 사랑하는 것이 살진 소를 먹으며 서로 미워하는 것보다 나으니라"고 했습니다. 행복한 가정은 가족들이 서로 사랑합니다. 한 조사 결과에 의하면 행복의 조건은 성공이나 젊음, 재물이나 외모보다 '원만한 인간관계'였습니다. 행복은 바로 사람 간의 관계에 있습니다. 서로 사랑할 때 가정은 행복한 곳이 될 수 있습니다. 혼자 있다면 사랑할 필요도 없습니다. 사랑할 상대가 있고 사랑할 마음이 있다는 것은 정말 행복한 것입니다.

예수님은 말씀하셨습니다. "새 계명을 너희에게 주노니 서로 사랑하라 내가 너희를 사랑한 것같이 너희도 서로 사랑하라"(요 13:34). 사랑할 사람이 있으면 아무리 어렵더라도 힘이 생기고 행복을 느끼게 됩니다.

사랑하지 아니하는 자는 하나님을 알지 못한다고 했습니다(요일 4:8). 마음의 즐거움과 하나님을 향한 사랑과 서로 사랑함으로 행복한 가정을 지켜가야 합니다.

함께 나누기

1. 오늘 본문 중에서 가장 인상적인 말씀은 무엇입니까?

2. 왜 그 말씀이 가장 인상적이라고 생각합니까?

3. 한 주간 동안 실천해야 될 말씀은 무엇입니까?

한 주간의 기도 제목

나

가정

교회

/제21과/
그리스도인의 행복한 가정

성경: 에베소서 6:1-4 / 찬송: 370장

"자녀들아 주 안에서 너희 부모에게 순종하라 이것이 옳으니라 네 아버지와 어머니를 공경하라 이것은 약속이 있는 첫 계명이니 이로써 네가 잘되고 땅에서 장수하리라 또 아비들아 너희 자녀를 노엽게 하지 말고 오직 주의 교훈과 훈계로 양육하라"

하나님이 이 땅에 주신 하늘나라를 닮은 작은 천국 세 곳이 있습니다. 그것은 우리 마음과 가정과 교회입니다. 특히 가정은 하나님 아버지를 모시고 가족 간에 사랑하고 위로하고 대화하는 곳이며, 부모님을 공경하고, 부부간에는 사랑하고, 자녀들을 가르치는 곳입니다. 인류의 가장 오래된 학교는 가정입니다. 가정은 사회생활에 필요한 모든 것을 배우는 곳입니다. 그러면 성경은 행복한 가정의 모습을 어떻게 설명합니까?

첫째, 행복한 가정의 기초는 부부관계입니다

바울은 남편은 아내를 자신같이 사랑하라(엡 5장)고 강조합니다. '사랑하라'는 헬라어는 그리스도의 사랑을 나타내며 희생적인 사랑을 뜻합니다. 남편은 그리스도께서 교회를 위하여 자신을 주신 것처럼 아내를 사랑해야 합니다.

하나님은 한 남자와 한 여자가 만나서 사랑하게 하시고 한 몸이 되게 하십니다. 하나님께서 그렇게 짝지어 주셨음을 믿고 한평생 사랑하며 아내와 한 몸을 이루어 살아야 합니다. 그때 참된 행복이 있습니다.

남편은 항상 아내의 사랑을 흠모해야 합니다. 성경은 동시에 교회가 그리스도에게 복종하듯이, 아내들도 범사에 그 남편에게 복종해야 한다고 말씀합니다.

"가정에서 어머니가 자녀를 위해 할 수 있는 가장 위대한 일은 남편을 사랑하는 것이다"란 말이 있습니다. 이 세상에 아내의 영향을 받지 않는 남편이 없으므로 아내가 믿음과 사랑으로 남편에게 순종하여야 합니다.

둘째, 행복한 가정이 되려면, 부모를 공경하여야 합니다

사도 바울은 자녀들이 부모에게 순종하는 것이 옳으며 기쁘게 하는 일이라고 하였습니다. 하나님은 부모에게 순종할 때 잘되며 장수한다고 약속하셨습니다. 잘된다는 것은 무엇이든 잘 풀릴 것이라는 의미뿐 아니라 영적으로 잘되고 우리의 삶에 참된 축복이 임한다는 뜻입니다.

또 땅에서 장수하리라는 것은 풍성한 삶을 더 누릴 수 있게 하심을 의미합니다. 칼빈은 부모 공경을 통해 인간은 자연스럽게 권위에 대한 복종과 겸손을 배울 수 있다고 말했습니다. 또한 인간의 교만을 극복하는 수단으로 부모를 공경하도록 명했다고 설명했습니다.

교만은 자신을 높여 하나님처럼 되려는 것입니다. 교만은 모든 죄의 시작이며 뿌리입니다. 그러므로 부모 공경은 교만을 극복하며 복종을 배우는 훈련이며 하나님께 돌아가는 지름길입니다.

셋째, 행복한 가정이 되려면, 자녀를 노엽게 하지 말아야 합니다

바울은 부모는 자녀를 노엽게 하지 말고 주의 교양과 훈계로 양육하라고 하였습니다. 부모는 자녀를 분노케 하는 태도나 말, 행동을 피해야 합니다. 부모는 자녀에게 정도 이상의 엄격한 훈련, 비합리적 요구, 권위의 남용을 해서는 안 됩니다. 가정사역자 드니스 글렌은 부모들에게 경건한 자녀들을 세우기 위한 선물을 소개합니다.

먼저는, 무조건적인 사랑입니다.

그리고, 훈육입니다. 부모의 훈육을 통해 자녀들의 마음이 부드러워져서 하나님께 응답하게 해야 합니다.

마지막은 하나님의 말씀을 가르치며 전해 주는 것입니다.

그런데 이 세 가지 중에서 가장 우선적인 것은 조건 없는 사랑입니다. 사랑이라는 선물을 주지 않는다면 나머지 두 선물은 별다른 효과도 없습니다. 세상은 힘들고 어려워져도 하나님의 말씀을 따라 보다 더 아름답고 복된 그리스도인의 가정을 이루어야 합니다.

함께 나누기

1. 오늘 본문 중에서 가장 인상적인 말씀은 무엇입니까?

2. 왜 그 말씀이 가장 인상적이라고 생각합니까?

3. 한 주간 동안 실천해야 될 말씀은 무엇입니까?

한 주간의 기도 제목

나

가정

교회

/제22과/
성령 충만한 가정

성경: 에베소서 5:18 / 찬송: 183장

"술 취하지 말라 이는 방탕한 것이니 오직 성령으로 충만함을 받으라"

그리스도인의 신앙생활에는 기본이 있습니다. 그 신앙의 기본이 십자가입니다. 십자가는 우리의 신앙생활의 가장 기본을 이루고 있습니다. 그리고 성령 충만함을 받고 사는 것입니다. 그리스도인들이 성령으로 충만하지 않으면 능력 있는 삶을 살 수 없습니다. 그러므로 우리는 날마다 성령 충만함을 구하며 살아야 합니다. 그렇다면 우리 그리스도인들이 어떻게 성령 충만함을 받고 살 수 있을까요?

첫째, 쉬지 말고 기도해야 합니다

꾸준한 기도생활은 성령 충만함을 유지할 수 있는 비결입니다. 사도행전 2장에 보면 120명의 제자들이 나옵니다. 그들이 다락방에 모여서 주님께서 약속하신 성령을 기다리며 기도하였을 때, 그들 가운데 성령이 바람같이! 불같이! 강력하게 임하게 되었습니다. 그리고 그들 모두가 성령 충만함을 받게 되었습니다. 성경에 보면 다양한 대상들에게 성령의 역사가 나타났던 것을 보게 됩니다.

첫째는 태아도 성령 충만함을 받습니다. 성령 충만은 장성한 사람만 받는 것이 아닙니다. 세례 요한은 모태에서 6개월이 되었을 때 성령 충만함을 받았습니다(눅 1:15). 우리는 태아도 고귀한 생명체로서 인격체로 대해주어야 합니다. 그리고 성령 충만한 아이로 자라도록 말씀과 기도로 양육해야 합니다.

둘째는 임산부도 성령 충만함을 받습니다. 예수님의 모친 마리아가 엘리사벳을 방문했을 때 엘리사벳의 복 중에 있는 아이가 뛰놀았습니다. 그리고 엘리사벳이 성령 충만함을 받고 메시아를 갓 잉태한 마리아를 축복해 주었습니다(눅 1:41). 그리고 세례 요한의 아버지 사가랴도 성령 충만함을 받고 메시아에 대한 예언을 합니다(눅 1:67). 부모가 성령으로 충만하면 자녀도 성령 충만함으로 자라게 됩니다.

셋째는 예수님도 성령 충만함을 받으셨습니다. 예수님이 요단강에서 세례를 받으실 때 성령 충만함을 받고 성령의 이끌림을 받아 광야에서 40일 동안 금식하셨습니다. 그러므로 우리가 성령 충만함을 받기 위해서는 쉬지 말고 기도해야 합니다.

둘째, 꾸준히 말씀을 묵상해야 합니다

시편 기자는 복 있는 사람에 대해서 가르쳐주고 있습니다.

복 있는 사람은 "오직 여호와의 율법을 즐거워하여 그 율법을 주야로 묵상하는 자"라고 하였습니다. 요즘 현대인들은 오락과 인터넷 게임을 즐거워하고 카톡을 즐거워하며 TV 드라마를 즐거워합니다. 그것들을 즐기다보니 중독이 된 것입니다.

그런데 시편 기자는 여호와의 율법을 즐거워하여 그 율법을 주야로 묵상하는 자가 복이 있다고 하였습니다. 이런 사람은 믿음의 열매와 성령 충만함의 열매가 맺히게 되는 것입니다. 따라서 말씀을 꾸준히 묵상할 때 성령 충만함을 받을 수 있습니다. 우리는 영안을 열어서 말씀을 통하여 놀라운 것들(wonderful things)을 보아야 합니다(시 119:18). 그 놀라운 것들을 발견할 때 성령 충만함을 받게 될 것입니다.

바울은 "술 취하지 말라 이는 방탕한 것이니 오직 성령으로 충만함을 받으라"고 명령하고 있습니다. 술은 사람들을 방탕한 삶으로 안내하는 역할을 합니다. 술이 들어가면 급기야는 술이 사람을 지배하게 됩니다.

잠언에서 솔로몬은 술 취한 사람의 현상에 대해서 잘 묘사해주고 있습니다. 술은 재앙과 근심과 싸움과 원망과 상처를 가져다준다고 하였습니다(잠 23:29). 그래서 솔로몬은 인생을 파괴하는 술을 보지도 말라고 교훈하고 있습니다. 그러므로 우리 그리스도인들은 술을 멀리 해야 합니다. 대신에 성령으로 충만해야 합니다. 그리고 성령의 능력을 덧입고 주님의 증인된 삶을 살아야 합니다.

함께 나누기

1. 오늘 본문 중에서 가장 인상적인 말씀은 무엇입니까?

2. 왜 그 말씀이 가장 인상적이라고 생각합니까?

3. 한 주간 동안 실천해야 될 말씀은 무엇입니까?

한 주간의 기도 제목

나

가정

교회

6월

제23과　하나님의 눈과 귀
제24과　살아나리라
제25과　보리떡 한 덩어리
제26과　지금 왔느니라

/제23과/
하나님의 눈과 귀

성경: 시편 34:15 / 찬송: 90장

"여호와의 눈은 의인을 향하시고 그의 귀는 그들의 부르짖음에 기울이시는도다"

사람이건 동물이건 몸 가운데 가장 중요한 부위는 바로 얼굴입니다. 그리고 얼굴에 달린 기관 중에서 사물에 대한 관심사가 가장 민감하게 드러나는 곳은 바로 눈과 귀입니다. 예컨대 TV에서 자신이 좋아하는 프로그램이 방영되면 TV에 시선을 고정하며 귀를 기울이지만 관심 밖의 프로그램이 방영되면 채널을 돌리거나 눈과 귀를 닫아버리는 경우가 많습니다.

사람들은 자신이 관심을 가지고 있는 것에 대해 보고 싶어하고, 듣고 싶어합니다. 이와 마찬가지로 우리 하나님의 눈과 귀도 하나님의 관심사를 향해 열려 있습니다. 그러면 하나님의 눈과 귀는 어떤 이를 향해 있습니까?

첫째, 하나님의 눈은 의인을 향하십니다

본문에서 여호와의 눈은 의인을 향하고 있다고 말씀하고 있습니다. 하나님의 눈이 의인을 향하신 것은 의인을 사랑하시고 그로 말미암아 기뻐하신다는 것입니다. 사람의 눈은 외모가 잘 생겼거나 대중들에게 인기가 있는 사람에게 향하는 경우가 많습니다. 그러나 하나님의 눈은 외모보다는 중심을 향해 있습니다.

사무엘이 이스라엘의 왕이 될 사람에게 기름을 부으려고 이새의 집에 갔을 때 하나님은 이렇게 말씀하십니다.

"내가 보는 것은 사람과 같지 아니하니 사람은 외모를 보거니와 나 여호와는 중심을 보느니라"(삼상 16:7)

의인은 외모가 준수하고 풍채가 좋은 사람이 아니라 중심이 바로 서 있는 사람입니다. 예수님이 나다나엘을 보고 참으로 이스라엘 사람이라고 그 속에 간사한 것이 없다고 말씀하셨습니다. 하나님은 그 속에 간사한 것이 없는 사람, 중심이 올곧고 진실한 사람을 눈여겨 보십니다.

그러므로 하나님의 눈이 우리를 향하기 바란다면 중심이 바로 선 의인의 삶을 살아야 합니다. 그렇기에 여러분, 우리의 중심이 하나님 앞에 온전히 서 있기를 바랍니다.

둘째, 하나님의 귀는 의인의 기도를 들으십니다

오늘 본문에서 말하길 하나님은 그들의 부르짖음에 귀 기울이신다고 합니다. 즉 하나님의 귀는 의인의 기도를 들으신다는 것입니다. 부모는 늘 자녀의 소리에 귀를 기울이고 있습니다. 자녀의 상태와 필요를 채워주고 응답해주기 위해서입니다. 왜냐하면 부모가 자녀를 사랑하기 때문입니다. 이와 마찬가지로 하나님이 누군가의 소리를 들으신다는 것은 지극한 관심이며, 사랑의 표현입니다.

하나님께서 애굽 땅에서 종살이를 하던 이스라엘 민족에게 모세를 보내셔서 구원해 주신 것은 그들의 부르짖음을 들으셨기 때문입니다. 이는 하나님께서 이스라엘 민족을 그만큼 사랑하셨음을 보여주고 있는 것입니다. 사람은 자신이 사랑하는 사람의 부탁을 잘 들어주기 마련인데 우리 하나님 역시 그러하십니다.

스데반이 설교를 할 때 그를 미워했던 유대인들의 반응은 어떠했습니까? 사도행전에서 말하길 "이에 대해 그들이 큰 소리를 지르며 귀를 막고 스데반에게 달려들었다"고 했습니다. 이처럼 귀를 막는 것은 적대감의 표시입니다. 상대방과 단절하겠다는 표현이 아닙니까? 상대방을 사랑하지 않기에 귀를 막는 것입니다.

하나님은 마음에 죄악을 품은 악인의 말을 듣지 아니하시지만 의인이 부르짖는 소리에는 귀를 기울여 들으십니다. 이는 하나님께서 의인을 사랑하시기 때문입니다. 그러므로 우리의 기도가 하나님께 상달되어지기를 바란다면 하나님 앞에서 의인의 삶을 살아가기 바랍니다.

성경에서 말하는 의인이란 흠이 없고 도덕적으로 선한 사람이 아니라 예수 그리스도를 믿고 그의 말씀대로 빛 된 삶을 살아가는 사람을 의미합니다. 이미 우리는 예수 그리스도의 은혜로 예수님을 나의 구세주로 고백하고 하나님의 자녀가 되었습니다. 그 고백을 하는 우리는 이미 의인이라 말할 수 있습니다. 이렇게 의인으로 불러주시고 이끌어주신 하나님 앞에 감사와 영광을 올려드리며 이제는 더 이상 죄인의 길에 서지 않도록 진실한 회개로 삶이 새롭게 세워질 수 있기를 간절히 구하며 믿음으로 살기를 바랍니다.

함께 나누기

1. 하나님의 관심사는 무엇입니까?

2. 당신은 의인입니까? 그 이유는 무엇입니까?

3. 오늘의 말씀을 통하여 결단한 것은 무엇입니까?

한 주간의 기도 제목

나

가정

교회

/제24과/
살아나리라

성경: 에스겔 37:1-10 / 찬송: 284장

"주 여호와께서 이 뼈들에게 이같이 말씀하시기를 내가 생기를 너희에게 들어가게 하리니 너희가 살아나리라"(5절)

사람들은 살아가면서 자신이 기대한 대로 되면 행복감을 느끼지만, 기대한 대로 안 되면 실망하게 되고, 기대했던 사람에게서 기대가 충족되지 않으면 그 사람과의 관계가 틀어지게 됩니다. 그러면 '기대를 하지 말고 살면 되지'라고 생각할 수도 있습니다. 그러나 기대가 없는 인생이 얼마나 비참하겠습니까?

이 나라와 민족도 수많은 국민들의 기대 속에서 움직이고 있습니다. 하지만 이런 저런 이유로 국민들의 기대가 떨어진다면 나라를 사랑하는 마음이 그 만큼 적어지게 될 것입니다. 나라와 민족을 위한 기대와 소망이 있기를 바랍니다.

오늘 본문은 에스겔 선지자가 이스라엘을 향하여 희망을 말하는 장면입니다. 에스겔 선지자는 바벨론이라는 강대국이 유다를 제2차 침략할 때, 포로로 잡혀갔던 인물입니다.

당시 바벨론에 포로로 잡혀갔던 유대인들 중에는 낙심과 깊은 절망에 빠져 모든 것을 포기하고 바벨론의 풍습을 따라가며 여호와 신앙을 버린 사람들이 있었습니다. 그러나 어떤 사람들은 예루살렘이 멸망되지 않을 것이며 자신들이 곧 유대 땅으로 돌아 갈 수 있게 되리라는 거짓 예언자들의 예언을 믿고서 막연한 희망을 가진 사람도 있었습니다.

이런 상황 속에서, 에스겔 선지자는 하나님의 부름을 받고, 예루살렘의 멸망을 전하였습니다. 그러나 그것이 끝이 아니었습니다. 하나님은 하나님의 백성들을 영원히 버리지 않는다는 희망의 말씀을 메마른 뼈들이 살아날 것을 통하여 전하고 있습니다. 그 말씀을 붙잡고 이 시간, 우리의 삶과 신앙 더 나아가 나라와 민족을 향한 소망이 있기를 바랍니다.

첫째, 내 안에 소망이 살아나야 합니다

이스라엘이 소망이 없어졌다고 합니다. 전쟁을 치뤘던 처참한 우리나라의 모습을 생각해 보면 이스라엘이 처한 상황을 알 수 있습니다.

바벨론이 쳐들어와 젊은 사람을 붙잡아 갑니다. 여인들도 바벨론 군사들이 자신의 욕망을 채우기 위해 잡아갑니다. 재산을 빼앗기고 집들이 불에 탓습니다.

이런 상황 가운데 소망이 어디 있습니까? 하지만 이런 이들에게 하나님은 살아나라고 말씀하십니다. 상황과 형편을 보면 살아날 수 없을 것 같고, 이룰 수 없는 일이라 할 수 있지만 하나님은 에스겔 선지자를 통하여 분명하게 살아나라고 말씀하십니다.

왜냐하면, 소망의 주인은 하나님이시기 때문입니다. 그리고 그 하나님이 지금 함께 계시기 때문입니다. 에스겔 선지자를 통하여 명령하시는 분이 누구십니까? 하나님이십니다. 바로 이런 하나님을 기억하며 우리 역시 아무리 힘들고 어려워도 심지어 살 소망이 끊어질지라도 그 주님이 우리를 향해 외치는 소리를 듣고 소망이 살아나기를 바랍니다.

둘째, 내 안에 말씀이 살아나야 합니다

에스겔 선지자가 이스라엘을 향하여 살아나라고 외칠 때 그 말씀을 받는 사람마다 그 말씀이 그 심령 안에 들어가 말씀이 역사하기를 시작합니다. 그리고 마음을 새롭게 합니다. 말씀을 듣는 사람들마다 마음에 소망이 생기고, 희망이 생깁니다.

지금 이 시간도 마찬가지입니다. 말씀이 내 안에 들어오면 내가 새롭게 됩니다. 새 마음이 생깁니다. 악이 물러갑니다. 주님을 사랑하는 마음이 생깁니다. 내 안에 들어온 말씀이 일하기 시작합니다. 말씀으로 인하여 나의 잃어버린 믿음이 회복됩니다. 주님을 향한 사랑이 회복됩니다. 그렇기에 오늘도 우리를 사랑하셔서 우리를 향해 살아나라고 외치는 음성을 듣고 말씀을 받아들여 살아날 수 있기를 바랍니다.

셋째, 그렇다면 무엇이 살아납니까? 나와 가정, 교회, 나라가 살아납니다

하나님이 에스겔 선지자를 통해 살아나라고 외칠 때, 마른 뼈가 살아남같이 네가 살아난다고 말씀하십니다. 하나님이 살아나라고 외칠 때 내가 살아난다는 것입니다. 나의 믿음이, 신앙이, 삶이 살아납니다.

그래서 내가 소망 가운데 말씀으로 살아나면 우리 가정이 살아납니다. 우리 교회가 살아납니다. 내가 살아나면 우리의 직장이 사업장이 살아납니다. 그런 성도들이 모일 때 한국 교회가 살아나고 이 나라와 민족이 살아나는 것입니다.

그러므로 우리는 오직 말씀하시는 하나님을 바라보아야 합니다.

부정적인 말과 행동을 버리고 주님의 말씀이 이루어짐을 믿음으로 바라보아야 합니다. 그리고 나라와 민족이, 직장과 사업장이, 우리의 가정이, 내가 살아나는 놀라운 체험을 해야 합니다. 오늘 믿음 가운데 모인 우리에게 살아나는 놀라운 역사가 있을 줄 믿습니다. 이 놀라운 은혜를 체험하는 믿음의 자녀들이 되기를 바랍니다.

함께 나누기

1. 지금 나를 살게 하는 것이 무엇입니까?

2. 우리는 무엇을 붙잡고 살아야 합니까?

3. 오늘의 말씀을 통하여 결단한 것은 무엇입니까?

한 주간의 기도 제목

나

가정

교회

/제25과/

보리떡 한 덩어리

성경: 사사기 7:9-14 / 찬송: 586장

"그 밤에 여호와께서 기드온에게 이르시되 일어나 진영으로 내려가라 내가 그것을 네 손에 넘겨 주었느니라"(9절)

오늘 말씀의 배경은 이렇습니다. 기드온이 미디안과 전쟁을 목전에 두고 두려워하고 있을 때 하나님께서 기드온에게 담대하게 나아갈 것을 말씀하시고 있습니다. 왜냐하면 하나님이 친히 세운 사사인 기드온이 두려워하고 있기 때문입니다.

기드온이 두려워하고 있는 것이 무엇입니까? 수적인 열세였습니다. 적군은 메뚜기처럼 수가 많고 그들의 낙타가 모래처럼 많았지만, 이스라엘의 군사는 겨우 300명뿐이었기 때문입니다.

인간적으로 얼마나 두렵겠습니까? 이렇게 두려워하는 기드온에게 하나님은 미디안 병사들의 꿈 이야기를 엿듣게 합니다. 그들이 꿈을 통하여 두려워하는 모습을 보며, 비로소 기드온은 하나님께 경배를 드리며 하나님이 선별하신 300명을 데리고 미디안을 쳐서 대승을 거두게 됩니다. 말씀을 통하여 주님은 우리에게 보리떡 한 덩어리 인생을 통하여 세상을 변화시키기를 원하십니다. 그 인생이 어떤 인생입니까?

우리가 보리떡 인생이 되어 나라와 민족을 변화시키는 멋진 성도들이 되기를 바랍니다.

첫째, 세상을 변화시키는 보리 떡 하나는 우리입니다

성경에서 보리떡은 짐승들이나 아주 가난한 사람들이 먹는 음식이었습니다. 한 마디로 천한 음식입니다. 귀한 것이 아닙니다. 그런데 기드온이 이 보리떡에 비유된 것입니다. 기드온은 사실 보잘것없는 사람입니다. 이스라엘 12지파 중에서도 작은 므낫세 지파 출신이며 그 중에서도 기드온의 집은 극히 약했습니다.

또, 형제들 중에서도 기드온은 제일 보잘 것 없는 사람이었습니다. 그것뿐만 아니라 기드온은 성격도 소심해서 미디안 사람에게 들키지 않으려고 밀을 포도주 틀에서 타작하던 사람입니다. 이렇게 보리떡 같은 인생이었지만, 결국 누구보다 큰 용사로, 귀하게 하나님께 쓰였습니다.

우리 역시 마찬가지입니다. 우리도 때로는 문제 때문에 눈물을 흘리고, 형편이 어려워지고, 고난을 당하고, 비천해지고 누구에게나 보리떡처럼 만드는 문제들을 가지고 있을 것입니다. 이런 것들 때문에 때로는 주의 일을 할 수 없다고 말할 것입니다.

그러나 내 처지가 보리떡 같을지라도 최선을 다해 하나님을 섬기고자 하면 하나님은 그 한 사람을 통해 세상을 바꾸어 놓으신다는 사실을 믿으시길 바랍니다.

둘째, 세상을 변화시키는 보리떡은 굴러가는 보리떡입니다

굴러가는 보리떡이 되지 않으면 세상을 변화시킬 수 없습니다. 가만히 머물러만 있는 보리떡은 그저 보리떡입니다. 본문 말씀에서 보리떡 한 덩어리가 미디안 진으로 굴러 들어와서 쳤다고 성경은 분명히 증언하고 있습니다.

이처럼, 하나님 앞에 보리떡으로 사용되어지는 우리는 예수 그리스도의 이름을 가지고 지역 사회 속에 뛰어 들어가 믿음에 따른 헌신과 선한 사업에 힘써야 합니다. 예수님의 이름으로 봉사로 구르고, 사랑으로 구르고, 희생으로 구르고, 용서로 구를 때, 비로소 세상이 예수 그리스도로 말미암아 변화되는 것입니다.

주님도 복음을 전하기 위하여 세상으로 뛰어 들어가셨습니다. 각 지역을 두루 다니며 말씀을 전하시고 가난하고 병든 자들을 돌보시고 고치셨습니다. 세상을 향하여 굴러가는 보리떡이 되길 바랍니다.

셋째, 굴러가는 보리떡은 결국 세상을 무너트립니다

보리떡 기드온이 가는 곳마다 미디안이 격파되었습니다. 더 나아가 기드온은 바알의 단을 모조리 무너트렸습니다. 그래서 얻은 별명이 '여룹바알'입니다. 이는 '바알은 싸울지어다'라는 뜻인데, 바알이 진정한 신이면 바알의 단을 무너트린 기드온과 싸워 보라는 뜻에서 백성들이 붙여준 별명입니다.

이와 같이 그리스도인들이 가는 곳에는 부정 부패가 파괴되어야 합니다. 거짓이 사라져야 합니다. 죄악이 가득한 사람들에게 우리는 진리의 폭탄이 되어 세상을 변화시키는 죄악이 무너지는 능력이 나타나야 합니다.

사실 굴러가는 보리떡이 세상을 어떻게 무너트릴 수 있겠습니까? 내가 굴러간다고 해서 세상이 무너지는 것은 아닙니다. 이미 우리는 아무 힘도 없는 연약한 보리떡 인생이지 않습니까? 결국, 그 안에 일하시는 하나님으로 말미암아 굴러가는 보리떡이 세상을 무너트릴 수 있는 것입니다. 그렇기에 이제는 하나님의 도우심으로 우리와 부딪히는 죄와 정욕, 욕심과 탐욕이, 미디안 장막이 보리떡 기드온에게 부딪혀 무너지고 엎드러진 것 같이 무너지기를 바랍니다.

함께 나누기

1. 보리떡처럼 나의 연약함은 무엇입니까?

2. 하나님이 당신을 어떻게 사용하시길 기대합니까?

3. 오늘의 말씀을 통하여 결단한 것은 무엇입니까?

한 주간의 기도 제목

나

가정

교회

/제26과/
지금 왔느니라

성경: 여호수아 5:13-15 / 찬송: 390장

"그가 이르되 나는 여호와의 군대 대장으로 지금 왔느니라 하는지라 여호수아가 얼굴을 땅에 대고 엎드려 절하고 그에게 이르되 내 주여 종에게 무슨 말씀을 하려 하시나이까"(14절)

오늘 말씀의 배경은 이렇습니다. 모세가 죽고 여호수아가 이스라엘의 지도자가 되어 요단강을 기적적으로 건넙니다. 그리고 하나님의 말씀에 따라 할례를 행하고 이제 하나님이 주신 가나안을 본격적으로 공략하기 직전입니다.

여호수아가 여리고에 가까이 왔을 때, 눈을 들어 보니 한 사람이 칼을 빼어 손에 들고 마주 서 있는데 그가 바로 여호와의 군대 대장이요 지금 왔다고 말하는 것입니다. 왜 여호와의 군대 대장이 왔을까요? 왜 여호와의 군대 대장은 지금 왔다고 말하는 것일까요?

며칠 후면 6.25한국전쟁 74주년을 맞이합니다. 오랜 시간을 통해 한국전쟁의 참담한 모습은 회복되었지만, 사회적으로나 개인적으로나 전쟁을 통한 상처가 아직까지도 많이 남아 있습니다. 이러한 아픔 속에서 하나님의 마음은 우리를 어떡하든지 회복시키고 도와주고자 하십니다. 이런 하나님의 마음을 알고 다시 일어설 수 있기를 바랍니다.

그러면 하나님은 어떻게 회복시켜 주십니까?

첫째, 지금 온 것은 함께 있기 위해서입니다

하나님은 늘 우리와 함께 있기를 원하십니다. 이런 하나님의 마음을 나타내는 단어가 있는데 바로 임마누엘입니다.

"보라 처녀가 잉태하여 아들을 낳을 것이요 그의 이름은 임마누엘이라 하리라 하셨으니 이를 번역한즉 하나님이 우리와 함께 계시다 함이라"(마 1:23)

이처럼 하나님은 우리와 함께 있기를 원합니다. 그런데 우리는 어떻습니까? 죄를 지은 아담과 하와가 하나님을 피해 숨듯이 우리는 자꾸 하나님을 피하려고 합니다. 하나님에게서 멀어지려고 합니다. 그것만큼 어리석은 일은 없습니다.

하나님은 우리와 함께 계시기를 원하지만 우리는 왠지 그렇게 하는 것이 불편하다고 생각합니다. 따분하다고 생각합니다. 그보다 더 즐겁고 신나는 일이 많은데 왜 내가 따분하게 하나님과 있어야 하는지, 내가 왜 즐겁고 좋은 것들을 포기해야 하는지 생각합니다. 그래서 결국 자기 좋은 대로 자기 욕심을 따라갑니다. 그러나 성경은 이것을 분명 죄라고 합니다. 또한 주님 안에 있는 것이 최고 행복이요, 기쁨이요, 즐거움이라고 합니다.

이것을 깨닫게 하기 위해서 여호와의 군대 대장은 여호수아와 이스라엘에게 함께해 주려고 온 것입니다. 여호수아에게 오신 것처럼, 하나님은 지금 우리에게도 오셨습니다. 그러니 나와 함께하시는 하나님을 바라보며 하나님과 함께함이 나의 인생에 최고의 행복이요, 기쁨이요, 즐거움임을 고백하는 믿음이 되기를 바랍니다.

둘째, 지금 온 것은 돕기 위해서입니다

이제 이스라엘은 여리고와 싸워야 합니다. 여리고 성의 크기는 대략 축구장 3개 정도의 크기라고 합니다. 성벽의 높이는 12m나 된다고 합니다. 유목민족이었던 이스라엘이 이런 여리고 성과 어떻게 싸워 이기겠습니까? 그러나 이런 여리고성이 무너졌습니다. 하나님 말씀에 순종하여 여리고 성을 일주일에 13바퀴를 도니 무너져 내렸습니다.

이 성이 왜 무너졌습니까? 하나님이 그리하신 것입니다. 하나님이 군대 대장을 보내 도우셔서 그렇게 된 것입니다. 우리도 마찬가지입니다. 하나님은 우리를 돕기 원하십니다. 여호와의 군대 대장처럼, 천사를 통해서든 아니면 직접 돕기를 원하십니다.

"내가 너희를 고아와 같이 버려두지 아니하고 너희에게로 오리라"(요 14:18)

고아와 같이 버려두지 않고 도우신다는 주님은 우리가 어떤 형편에 있든지 다 아십니다. 우리가 부족하더라도 우리를 도우십니다. 그렇기에 돕기 위해서 지금 우리와 함께하시는 하나님을 볼 수 있기를 바랍니다.

셋째, 지금 온 것은 인도하기 위해서입니다

하나님은 이스라엘이 광야 40년 동안 생활하는 가운데 구름기둥과 불기둥으로 인도하셨습니다. 그렇게 이스라엘을 인도했던 구름기둥과 불기둥이 여호수아서에서는 나오지 않습니다. 그렇다고 하나님의 인도가 없어진 것일까요? 아닙니다. 하나님의 인도는 보이지 않을 뿐, 여전하십니다. 그래서 여호와의 군대 대장이 나타난 것입니다. 여호수아나 이스라엘이 얼마나 든든하겠습니까? 이 군대 대장이 자기들과 함께 있어 돕고 인도할 것이라는 확신을 가졌을 것입니다.

여호수아에게, 이스라엘에게 그리하신 하나님은 지금 우리에게도 그리하십니다. 우리의 갈 길을 인도하시며 지켜주실 것입니다. 그러므로 우리는 임마누엘 되시는 하나님을 더욱 붙잡고 살아야 합니다. 힘들고 어려워도 주님만을 붙잡고 살아야 합니다. 그러면 하나님은 우리의 길을 인도하시고 지도하셔서 축복의 길로 인도하실 줄 믿습니다. 여호와의 군대 대장을 보내셔서 지켜주실 줄 믿습니다.

함께 나누기

1. 여호수아에게 여호와의 군대 대장을 보내신 이유가 무엇입니까?

2. 하나님은 당신에게 있어 어떤 하나님입니까?

3. 오늘의 말씀을 통하여 결단한 것은 무엇입니까?

한 주간의 기도 제목

나

가정

교회

7월

/제27과/
하나님께서 행하신 내 삶의 은혜

성경: 신명기 11:1-7 / 찬송: 301장

"너희가 여호와께서 행하신 이 모든 큰 일을 너희의 눈으로 보았느니라"(7절)

여러분은 인생을 살아오시면서 지금까지 기억에 남는 아름다운 추억들이 많이 있으실 것이라 생각됩니다. 그중에서 가장 기억에 남으시는 추억은 어떤 것입니까? 여러분들의 삶속에서 행복했고 아름다웠고 소중했던 그것은 무엇입니까?

오늘 신명기 말씀은 가장 행복하고 아름다우며 소중한 추억이 무엇인지 우리들에게 말씀해주시고 계십니다. 사람들은 추억이라 말을 하지만 하나님께서는 우리들에게 이것을 "하나님의 은혜"라고 말씀 하십니다. 나의 생각이 아닌, 하나님의 말씀을 기준으로 평생토록 나의 삶을 통해 입으로 말하고, 머리로 기억하고, 몸으로 기념하고 소중하게 간직해야만 하는 "하나님께서 행하신 내 삶의 은혜"에 대해서 상고해 보겠습니다.

첫째, 규칙적인 신앙생활을 해야 합니다

본문 1절에서 "그런즉 네 하나님 여호와를 사랑하여 그가 주신 책무와 법도와 규례와 명령을 항상 지키라"고 하셨습니다. 이것은 규칙적인 신앙생활을 하라는 하나님의 강력한 명령의 말씀입니다. 즉, 정상적인 신앙생활을 성실하게 일상생활 속에서 이루면서 살아가라는 것입니다. 이러한 삶을 통해서만이 우리들에게 베풀어주신 하나님의 사랑과 은혜를 기억하고 기념하고 간직할 수 있다는 뜻입니다. 하나님께서 행하신 내 삶의 은혜를 기억하기 위해서는 반드시 건강하고 규칙적인 예배생활이 밑받침되어야만 합니다. 매일 성경말씀을 읽고 묵상하는 시간과 정해진 시간에 기도하고 찬양과 전도하는 습관이 균형 있게 이루어져야 합니다. 건강한 신앙으로 무장되어진 상태로 하나님과의 일대일의 깊은 신앙교제를 통해, 지금까지 나를 이끄시고 인도하시고 돌보아주신 귀한 하나님의 은혜의 진정한 값어치를 깨달을 수 있기 때문입니다.

하나님의 은혜를 기억하는 삶은, 건강한 신앙생활을 통해서 자연스럽게 일어납니다. 하나님을 사랑하는 마음이 충만하기에 말씀을 읽게 되고, 기도를 하게 되고, 찬송과 전도를 하게 되는 것입니다. 하나님께서는 우리들에게 규칙적인 예배습관과 성결한 삶을 살아갈 것을 명령하시는 이유가 여기에 있습니다. 억지가 아닌, 자발적이고 자원하는 마음으로 하나님의 은혜를 경험하는 아름다운 시간들이 넘치시기를 기도합니다.

둘째, 구체적인 하나님의 은혜를 기억해야 합니다

본문 6절 말씀을 통해서 구체적이고 사실적인 하나님의 은혜에 대해서 말씀을 하셨습니다. 하나님의 강한 손으로 이스라엘 백성들을 애굽에서 구원해주신 구체적이며 사실적인 사건들에 대해서 조목조목 자세하게 베풀어주신 은혜를 기억하라고 명령하셨습니다. 하나님은 자상하시고 선하시고 인격적이신 분입니다. 그러기에 하나님의 은혜에 대해 감사를 드릴 경우에는 아주 자세하게 나에게 베풀어주신 일들이 무엇인지 자세한 설명과 그로 인해서 내가 감동을 받았던 부분은 무엇인지를 기억하는 것입니다.

저는 탈장수술과 임플란트를 할 때, 의사의 손길을 통해서 어려움 없이 치료해주신 하나님의 은혜를 기억합니다. 많은 병원들과 의사분들 중에서 기도한 대로, 저에게 맞는 병원과 의사의 손길을 통해 수술을 받게 하신 하나님의 은혜가 있었습니다. 일상의 평범함이 얼마나 우리들에게 깊은 은혜가 되는 삶이라는 것을 우리는 평소에는 잘 느낄 수 없습니다. 하지만 몸이 아프거나 어려운 일들을 만났을 때에 평범한 일상이 얼마나 소중한지를 알게 됩니다. 매일의 생활 속에서 하나님께서 행하신 구체적이고 사실적인 은혜를 기억하시는 삶이 되시길 바랍니다.

셋째, 하나님의 은혜를 간증해야 합니다

본문 7절에서 "너희가 여호와께서 행하신 이 모든 큰 일을 너희의 눈으로 보았느니라"고 하셨습니다. 그렇습니다. 하나님께서 내 삶에 행하신 하나님의 은혜를 우리는 직접 경험한 산 증인들입니다. 다른 사람들의 이야기가 아닌, 내 삶 가운데 사실적이고 구체적인 하나님의 은혜를 직접 경험하였습니다. 하나님께서는 왜 이렇게 우리들에게 직접 하나님의 은혜를 경험하게 하셨을까요?

"너희는 이 모든 일의 증인이라"(눅 24:48)

하나님께서 나에게 행하신 이 모든 일들에 대해서 직접 경험했던 증인으로서 다른 사람들에게 간증하는 삶을 살아가기 위해서입니다. 우리들이 하나님의 자녀로 이 땅에서 살아가는 동안, 낮에는 구름기둥, 밤에는 불기둥의 불꽃 같은 눈으로 보호하시는 하나님의 은혜를 아직 예수님을 영접하지 못한 수많은 사람들에게 하나님을 전하기 위함입니다.

하나님께 받은 은혜에 비례해서 우리들의 삶의 영향력도 달라집니다. 깊고 넓고 높으신 하나님의 은혜를 많이 받아 자신이 경험한 하나님의 은혜를 전하는 삶을 살게 하심은 하나님께서 예비하신 엄청난 상급을 우리들에게 주시기 위함입니다.

하나님께 받은 은혜에 대한 선임자로서, 산 경험자로서, 연약한 지체들을 돌보아주고, 그분들이 그리스도 예수 안에서 올바르게 성장하도록 도와주는 삶을 살기 위함입니다. 이러한 삶을 통해서 하나님을 자랑하는 간증의 주인공들이 되시기를 예수님의 이름으로 축복합니다.

함께 나누기

1. 하나님께서 행하신 내 삶의 은혜의 내용 세 가지는 무엇입니까?

2. 그 중 가장 마음에 와닿는 것은 무엇입니까?

3. 오늘의 말씀을 통하여 결단한 것은 무엇입니까?

한 주간의 기도 제목

나

가정

교회

/제28과/

하나님께 감사하는 은혜의 삶

성경: 시편 100편 / 찬송: 428장

"감사함으로 그의 문에 들어가며 찬송함으로 그의 궁정에 들어가서 그에게 감사하며 그의 이름을 송축할지어다"(4절)

시편 100편 말씀의 핵심 포인트는 "항상 하나님께 감사하는 생활"입니다. 우리는 항상, 언제나, 늘, 한결같이, 변함없이 하나님께 감사하는 생활을 어떻게 해야 하는지에 대한 방법에 대해 상고하면서 살아야 합니다. 넘어지고 흔들리는 마음을 그리스도 예수 안에서 뿌리를 내리고 듬직하고 우직한 믿음의 생활을 통해 견고한 감사와 은혜로 충만한 삶을 살아가기를 힘써야 합니다.

첫째, 그리스도 예수 안에서 인생목표를 설정해야 합니다

본문 2절에서 "온 땅이여 여호와께 즐거운 찬송을 부를지어다 기쁨으로 여호와를 섬기며 노래하면서 그의 앞에 나아갈지어다."라고 말씀하셨습니다. 신앙생활은 하나님의 말씀에 순종하는 삶이고, 하나님을 경외하는 생활을 뜻합니다. 내가 원하고, 내가 잘하고, 내가 좋아하는 것만을 하는 것이 신앙생활이 아닙니다. 선택의 영역이 아닌, 반드시 의무와 책임을 지고 정확하게 해야만 하는 "전공필수과목"입니다. 예수 그리스도를 영접하고 하나님의 자녀로서, 인생의 목적이 무엇인지를 정확히 알고 하나님의 뜻대로 순종해야만 하나님이 기뻐하시는 삶을 살아갈 수가 있습니다.

하나님이 원하시는 인생의 목표는 하나님을 찬송하면서 하나님을 기쁘게 섬기는 것입니다. 이것이 바로 아름다운 인생, 복된 인생, 후회 없는 인생입니다. 지금 이 시간, 하나님과의 교제를 최고의 우선순위에 놓으십시오. 하나님의 마음을 알기를 원하십시오. 하나님이 원하시는 삶을 살아가도록 최선의 노력을 다하십시오. 마가복음 12장 29-30절 말씀에서 구체적인 인생의 목표를 우리들에게 말씀하셨습니다.

"예수께서 대답하시되 첫째는 이것이니 이스라엘아 들으라 주 곧 우리 하나님은 유일한 주시라 네 마음을 다하고 목숨을 다하고 뜻을 다하고 힘을 다하여 주 너의 하나님을 사랑하라 하신 것이요"

정확한 인생목표가 설정된 성도는 하나님께 저절로 감사하게 됩니다. 연약한 자신의 모습을 보면서 이런 나를 목숨 바쳐 사랑하시는 하나님의 참 사랑을 경험하기 때문입니다. 한 번뿐인 귀한 인생을 통해서 하나님께 충성하시는 삶을 살아가시기를 예수님의 이름으로 축복합니다.

둘째, 그리스도 예수 안에서 내가 누구인지를 아는 것입니다

본문 3절에서 "여호와가 우리 하나님이신 줄 너희는 알지어다 그는 우리를 지으신 이요 우리는 그의 것이니 그의 백성이요 그의 기르시는 양이로다." 이 말씀을 통해서 그리스도 예수 안에서 내가 누구인지를 정확하게 말씀하셨습니다. 오늘날 많은 사람들이 방황하는 삶을 살아가고 있습니다. 어디로 가는지, 어떻게 살아야 하는지, 어느 것이 참이고 어느 것이 거짓인지 분별할 수 없는 혼탁한 현실 속에서, 상황과 환경에 따라 임기응변식의 삶을 살아가고 있습니다. 그래서 마음과 몸에 깊은 아픔과 상처를 가지고 안타까운 삶을 살고 있습니다.

우리는 하나님의 자녀입니다. 하나님은 우리들의 아버지이십니다. 그래서 우리는 하나님 아버지의 위대하심과 선하심과 인자하심을 통해서 선하고 아름답고 행복한 삶을 살아가는 것입니다. 그리스도 예수 안에 있기에, 하나님께 속한 소속감으로 우리는 삶 가운데 평안과 안정감이 있습니다. 불안하거나 두려워하지 않습니다. 그리고 귀한 인생의 가치를 경험하였기에, 방황하지도 않습니다. 도리어 하나님께 택하심을 입은 자로서, 그 이상의 삶을 살아갑니다. 우리들을 통해 또 하나의 새로운 생명을 잉태하기 위해 성실하게 삶을 살아갑니다. 하나님의 걸작품으로 세상의 기준과 잣대가 아닌, 하나님의 말씀에 삶의 기준을 갖기에 고급스러운 명품인생을 살아갑니다. 하나님께 받은 놀랍고 기이한 은혜들을 손으로 세어가며 행복한 삶을 살아갑니다. 그리고 마음과 입술로 항상 이렇게 고백합니다.

"내게 주신 모든 은혜를 내가 여호와께 무엇으로 보답할까"(시 116:12)

그리스도 예수 안에서 내가 누구인 것을 항상 기억하시고, 내게 주신 모든 은혜를 무엇으로 보답할까? 라는 마음으로 은혜의 삶을 살아가시기를 예수님의 이름으로 축복합니다.

함께 나누기

1. 하나님께 감사하는 은혜의 삶의 두 가지 내용은 무엇입니까?

2. 그 중 가장 마음에 와닿는 것은 무엇입니까?

3. 오늘의 말씀을 통하여 결단한 것은 무엇입니까?

한 주간의 기도 제목

나

가정

교회

/제29과/
하나님의 은혜를 잊지 말자

성경: 시편 31:19-21 / 찬송: 478장

"주를 두려워하는 자를 위하여 쌓아 두신 은혜 곧 주께 피하는 자를 위하여 인생 앞에 베푸신 은혜가 어찌 그리 큰지요"(19절)

사랑하는 성도님들의 얼굴에서 하나님의 은혜를 발견하게 됩니다. 그렇습니다. 우리들의 얼굴에는 은혜를 받을 때마다, 하나씩 하나씩 하나님의 은혜가 얼굴에 새겨지게 됩니다. 하나님께 받은 은혜가 많은 분일수록 얼굴이 아름답게 빛나게 됩니다. 여기서 하나님께 받은 은혜가 많다는 의미는 바로 "하나님을 깊이 사랑한다"라는 의미입니다.

매일의 삶 속에서 나를 위해 은혜를 준비해주시고 베풀어주시는 놀라운 하나님의 은혜를 되새기면서 하나님의 은혜를 잊지 않기 위해서 어떻게 해야 하는지에 대해 살펴보겠습니다.

첫째, 내 삶에 베풀어주실 하나님의 은혜를 기대해야 합니다

본문 19절 말씀에 "주를 두려워하는 자를 위하여 쌓아 두신 은혜 곧 주께 피하는 자를 위하여 인생 앞에 베푸신 은혜가 어찌 그리 큰지요"라는 아름다운 고백의 말씀을 보십시오. 이것은 평범한 일상생활에서 하나님의 은혜에 대해 사모하는 마음을 가지고 있어야 한다는 의미입니다.

사랑하는 성도님들은 평소에 얼마나 많이 하나님의 은혜를 사모하십니까? 하나님을 경외하는 삶에는 강한 하나님의 임재가 나타납니다. 그러기에 하나님의 놀랍고 신기한 은혜가 넘쳐납니다. 이것에 대해 고린도전서 2장 9절에서는 이렇게 말씀하셨습니다.

"기록된 바 하나님이 자기를 사랑하는 자들을 위하여 예비하신 모든 것은 눈으로 보지 못하고 귀로 듣지 못하고 사람의 마음으로 생각하지도 못하였다 함과 같으니라"

하나님의 깊고 높으신 은혜는 도저히 사람의 눈으로도, 귀로도, 마음으로도 전혀 생각할 수 없는 엄청난 것입니다. 이처럼 하나님께서 우리들에게 주시려고 하시는 놀라운 은혜를 사모합시다. 사모함이 크고 강할수록 상상 그 이상의 하나님의 은혜가 나타날 것이기 때문입니다. 성경에 기록된 믿음의 선진들이 이와 같이 하나님을 기대하고 사모하면서 그 옛적 선한 길을 걸어가셨고, 이미 그 전에 우리 주 예수 그리스도께서 그 길을 걸어가셨습니다.

아름답고 놀랍고 신기한 일들이 우리들의 삶 가운데 넘쳐나는 것을 희망할수록 하나님을 더욱 강하게 기대하십시오. 하나님의 선하심을 갈망하십시오. 우리들의 소원을 이루시는 하나님의 은혜가 넘쳐 나는 것을 경험하게 될 것입니다.

둘째, 하나님을 향한 선한 고백이 계속해서 이어져야 합니다

본문 21절의 "여호와를 찬송할지어다 견고한 성에서 그의 놀라운 사랑을 내게 보이셨음이로다."라는 말씀 속에 계속해서 이어지는 하나님을 향한 찬송이 흘러넘치는 것을 우리는 보게 됩니다. 하나님을 찬송하는 이유는, 날마다 나의 삶 가운데 하나님의 놀라운 사랑이 끊임없이 충만하기 때문입니다. "선순환"이라는 말이 있듯이 신앙생활 속에서도 넘어지고 쓰러지고 후퇴하는 삶이 아닌, 날마다 영적 전투에서 승리를 경험하는 승리자의 고백이 흘러넘쳐나야 합니다.

"은혜 아니면 살아갈 수가 없네. 호흡마저도 다 주의 것이니 세상 평안과 위로 내게 없어도 예수 오직 예수뿐이네. 크신 계획 다 볼 수도 없고 작은 고난에 지쳐도 주께 묶인 나의 모든 삶 버티고 견디게 하시네."라는 찬양을 날마다 부르시고 기억하십시오.

매일매일 우리들의 삶 가운데 하나님을 향한 선한 고백이 끊어지지 않도록 자신의 영적 상태를 점검하십시오. 자신의 마음을 지키십시오. 영적 게으름에 빠지지 않도록 매일매일 영적 경건을 연습하십시오. 하나님의 은혜 때문에 흔들리지 않는 굳건한 신앙인이 되십시오. 강하고 담대한 하나님의 군사로 세워지도록 자신을 하나님의 말씀과 기도로 무장하십시오. 이것은 나 자신이 스스로 하는 것입니다. 하나님께서 주시는 선한 은혜를 깊이 사모하는 마음을 유지하십시오. 이것은 거룩한 영적 훈련입니다.

"하나님의 은혜"는 이 훈련을 강하게 받은 성도만이 누릴 수 있는 하나님이 주시는 선물이기 때문입니다. 우리들의 입술을 통해서 하나님을 향한 찬양이 넘쳐나는 삶을 유지하는 귀한 영적 훈련에 최선을 다하시기를 바랍니다. 그러한 삶을 통해 하나님께서 주시는 귀한 은혜가 삶 가운데 풍성하시기를 예수님의 이름으로 축복합니다.

함께 나누기

1. 하나님의 은혜를 잊지 않기 위한 두 가지 내용은 무엇입니까?

2. 그 중 가장 마음에 와닿는 것은 무엇입니까?

3. 오늘의 말씀을 통하여 결단한 것은 무엇입니까?

한 주간의 기도 제목

나

가정

교회

/제30과/
내 평생의 소원

성경: 시편 27:4-5 / 찬송: 450장

"내가 여호와께 바라는 한 가지 일 그것을 구하리니 곧 내가 내 평생에 여호와의 집에 살면서 여호와의 아름다움을 바라보며 그의 성전에서 사모하는 그것이라"(4절)

사랑하는 성도님들의 소원이 무엇인지 궁금합니다. "소원"이라는 것은 한 사람이 일생 동안 이루고 싶은 간절함과 사모함의 결말입니다. 소원이 이루어지는 것을 생각만 해도 얼마나 기쁘고 행복합니까? 하나님께서는 진정 하나님의 꿈을, 우리들의 삶을 통해 이루시기를 원하고 계십니다. 하나님의 마음이 기준이 되어서, 우리들의 마음이 새롭게 되고, 말씀에 근접해지는 삶을 간절히 원하는 여러분이 되시기 바랍니다.

다윗은 이처럼 하나님의 뜻을 사모하였고 하나님을 엄청나게 사랑한 사람이었습니다. 오늘 본문 말씀을 통해서 "내 평생의 소원"이 내가 원하는 나의 목적이 아닌, 하나님께서 이루고 싶어하시는 "하나님의 소원"이 되는 길임을 상고하시기 바랍니다. 우리의 소원이 "하나님을 닮아가는 삶"이라는 아름다운 고백이 넘치시기를 예수님의 이름으로 축복합니다.

첫째, 내 평생의 소원은 예수 그리스도를 닮는 것입니다

본문 4절 말씀에 "내가 여호와께 바라는 한 가지 일 그것을 구하리니 곧 내가 내 평생에 여호와의 집에 살면서 여호와의 아름다움을 바라보며 그의 성전에서 사모하는 그것이라."고 다윗은 자신의 소원은 '주 하나님을 닮는 것이다'라고 선포하였습니다. 그렇습니다. 이처럼 다윗의 고백이 우리 모두의 고백이 되기를 원하시는 하나님 아버지의 마음을 우리는 기억해야 합니다. 자녀가 태어나기 전부터 '태명'을, 태어날 아기를 위해서는 부모님의 간절한 기대와 소망을 담아서 '이름'을 지어줍니다. 다윗은 한 가지를 구한다고 하였습니다. 그것이 바로 "소원"입니다. 자신의 평생에 여호와의 집에 살면서, 여호와의 아름다움을 바라보면서, 여호와의 성전에서 사모하는 것이 소원이라고 선포하였습니다. 이것은 한 마디로 "예수 그리스도를 닮는 것"입니다.

우리는 삶의 목표와 방향을 상실한 시대를 살고 있습니다. 표류하는 시대입니다. 방황과 혼돈의 시대입니다. 마지막 시대를 살아가는 우리들에게 꼭 필요한 소원은 바로 "예수 그리스도를 닮아가는 삶"이라는 것을 우리에게 강하게 말씀하여 주시는 하나님 아버지의 사랑을 우리는 알아야만 합니다. 하나님의 자녀들이 하나님이 기뻐하지 않는 삶을 살아가고 있다면 얼마나 비극이겠습니까? 하나님의 자녀들이 하나님의 마음을 헤아리지 않고, 마음대로 삶을 살아가고 있다면 하나님의 마음은 어떠실까요? 오늘 우리는 다시금 내 마음의 소원이 무엇인지 정확하게 돌아보고 하나님 아버지의 마음을 헤아리고 오직 예수 그리스도를 닮아가는 삶이 되시기를 예수님의 이름으로 축복합니다.

둘째, 천국 가는 그날까지 소원이 변하지 않아야 합니다

본문 5절에서 "여호와께서 환난 날에 나를 그의 초막 속에 비밀히 지키시고 그의 장막 은밀한 곳에 나를 숨기시며 높은 바위 위에 두시리로다."라는 말씀을 통해 다윗은 천국 가는 그날까지 소원이 변하지 않는다는 강한 선포를 하였습니다.

그렇습니다. 소원은 흔들리지 않습니다. 변하지 않는 것이 소원입니다. 흔들리고 변하는 것은 소원이 아닙니다. 다윗은 확신하였습니다. 환난 날에 자신을 비밀히 지키시는 하나님을 굳게 믿었습니다. 내가 음침한 사망의 골짜기를 걸을 때에도 나를 은밀한 곳에 숨기시며, 높은 바위 위에 나를 두시는 하나님의 보호하심과 인도하심을 확신하였습니다. 믿음의 사람들은 하나님을 향한 굳은 믿음을 가지고 있습니다. 그러한 하나님의 사람들이 성경 속에서 하나님을 자랑하는 간증의 주인공으로, 본이 되는 사람으로 소개

되고 있습니다.

여러분은 방황하지 않고 일관성을 가지고 끝까지 달려갈 길을 다 달린 후에, 하나님이 주시는 풍성한 상급을 바라보십시오. 우리들에게 상급을 주시기 원하시는 하나님의 마음을 헤아리십시오. 그렇게 매일의 삶을 살아가십시오. 우리들보다 먼저 이러한 길을 달려간 믿음의 선조들은 이런 교훈을 우리들에게 하셨습니다.

"오직 너 하나님의 사람아 이것들을 피하고 의와 경건과 믿음과 사랑과 인내와 온유를 따르며 믿음의 선한 싸움을 싸우라 영생을 취하라 이를 위하여 네가 부르심을 받았고 많은 증인 앞에서 선한 증언을 하였도다"(딤전 6:11-12).

내 평생의 소원이 하나님의 영광을 위해 살아가는 것이라고 고백하십시오. 온전한 삶을 살아가야 할 책임과 의무를 우리는 다해야 합니다. 한 평생을 살아가는 동안 강한 비바람과 태풍을 만나 힘들고 눈물 나고 아플 때도 있습니다. 그러나 그럴 때조차도 성령 하나님께서는 자신을 사랑하는 사람들과 함께 하십니다. 세상의 모든 장애물을 넉넉히 이길 수 있는 하나님의 선한 도우심이 함께 하십니다.

내 평생의 소원을 자신의 야망과 욕심에 두지 말고, 오직 주 예수 그리스도의 나라에 두고 살아가는 하나님의 자녀들이 되시길 바랍니다. 천국 가시는 그날까지 변함없이 달려갈 길을 다 간 후에 하나님께 상급을 받으시는 삶이 되시기를 예수님의 이름으로 축복합니다.

함께 나누기

1. 내 평생의 소원에서 두 가지 내용은 무엇입니까?

2. 그 중 가장 마음에 와닿는 것은 무엇입니까?

3. 오늘의 말씀을 통하여 결단한 것은 무엇입니까?

한 주간의 기도 제목

나

가정

교회

8월

/제31과/
복을 누리는 삶

성경: 사무엘하 6:6-15 / 찬송: 338장

"여호와의 궤가 가드 사람 오벧에돔의 집에 석 달을 있었는데 여호와께서 오벧에돔과 그의 온 집에 복을 주시니라"(11절)

미국 여론 조사 기관인 「퓨 리서치 센터(Pew Research Center)」가 지난 2011년 11월 발표한 바에 따르면 17개 경제 선진국 중 유일하게 우리나라 사람들만이 삶을 의미 있게 만드는 것으로 '물질적 풍요'를 1위로 꼽았다는 여론조사가 있었습니다. 실제로 많은 사람들이 돈으로 대변되는 물질을 벌고자 분주하게 살고 있습니다.

그리고 그런 열심으로 인하여 우리나라의 경제는 1990년과 비교해서 1인당 GDP가 $6,516에서 $29,743으로 4배가 넘게 성장했습니다. 그런데 2018년도에 보고된 UN의 「세계 행복 보고서」에 따르면 우리나라의 행복지수 및 삶의 만족도는 조사에 참여한 156개국 가운데 54위를 차지했습니다. 선진국으로만 따지면 최하위 권에 머무르고 있는 것입니다. 이는 기대와는 달리, 우리나라 사람들은 물질적 풍요는 이루었으나 그로 인한 행복을 느끼지는 못하고 있다는 것을 반증합니다.

그렇다면 우리 크리스천들은 물질적 풍요에 대하여 어떤 생각을 가져야 할까요? 크리스천이 가져야 할 물질에 대한 가치관 중 가장 중요한 것은 우리는 물질의 주인이 아닌 청지기라는 것입니다. 물질의 주인은 하나님이시고, 우리는 단지 이 땅을 사는 동안 하나님께서 잠시 맡겨주신 돈을 지혜롭게 사용해야 하는 청지기일 뿐이라는 것입니다. 이것을 놓치면 물질을 향한 욕망이 우리의 분별력을 놓치게 하여 하나님도 잃고 우리의 삶도 잃어버리게 됩니다. 하나님과의 충만하고도 깊은 관계 속에서 하나님께서 허락하신 복을 만족히 여기며 신실한 삶을 살아야 합니다. 그렇다면 우리는 어떻게 하나님께서 허락하신 복을 받아 행복을 누릴 수 있을까요? 성경 본문의 오벧에돔이 귀한 본보기가 되리라 확신합니다.

첫째, 하나님을 감동시킬 만한 믿음을 보이면 됩니다

하나님의 법궤를 예루살렘으로 옮겨가는 과정에서 법궤를 실은 수레를 이끌던 웃사가 죽임을 당하게 되는 사고가 있었습니다. 사고로 인한 두려움으로 인하여 그 누구도, 심지어 다윗 왕조차도 하나님의 법궤를 모셔가려고 하지 않을 때 오벧에돔이 하나님의 법궤를 자신의 집으로 모셔갔습니다.

이후 석 달 동안 오벧에돔의 삶은 하나님을 모신 삶을 살았다고 할 수 있습니다. 오벧에돔은 삶 속에서 일어나게 되는 어떤 사건사고의 위협과 두려움보다도 하나님을 섬기고 모시는 일을 더욱 귀히 여겼고 이는 분명 하나님까지 감동할 만한 믿음이었습니다. 하나님께서 감동하시면 복을 받게 되어 있습니다.

둘째, 하나님의 말씀을 따라 살면 복을 받습니다

모세의 율법은 하나님의 법궤를 옮길 때에는 레위 자손이 채에 하나님의 궤를 꿰어 어깨에 메도록 정하고 있습니다.

"모세가 여호와의 말씀을 따라 명령한 대로 레위 자손이 채에 하나님의 궤를 꿰어 어깨에 메니라"(대상 15:15)

그럼에도 다윗 왕이 처음 하나님의 법궤를 예루살렘으로 옮기려 할 때에는 소가 끄는 새 수레에 법궤를 싣고 옮겼습니다. 소가 끄는 수레를 이용하면 쉽고 편리해 보일 수 있습니다. 그러나 이는 하나님의 방법이 아닙니다. 하나님은 당신을 믿는 크리스천들이 하나님의 방법으로 삶을 살기 원하십니다. 10절에 오벧에돔은 하나님의 궤를 '메어 갔다'고 표현하고 있습니다. 하나님의 말씀대로 지켜 행한 것입니다. 그리고 오벧에돔은 복을 받았습니다.

셋째, 하나님의 은혜를 따라 살면 복을 받습니다

역대상 15장 24절은 오벧에돔을 하나님의 궤 앞에서 문을 지키는 자로 묘사하고 있습니다.

"제사장 스바냐와 요사밧과 느다넬과 아미새와 스가랴와 브나야와 엘리에셀은 하나님의 궤 앞에서 나팔을 부는 자요 오벧에돔과 여히야는 궤 앞에서 문을 지키는 자이더라"

오벧에돔은 하나님의 법궤를 자신의 집에 석 달을 모심으로 은혜와 복을 받았습니다. 그러나 오벧에돔은 거기에 안주하지 않았고 이후에 다윗이 하나님의 법궤를 예루살렘으로 옮겨갈 때 하나님의 법궤를 따라 예루살렘으로 올라가 하나님의 궤 앞에서 문을 지키는 문지기가 된 것입니다.

오벧에돔은 하나님의 은혜와 복을 받기 위해 어느 자리에 서 있어야 할지를 경험적으로 알았던 것입니다. 은혜의 자리를 사모함으로 지키면 복을 받습니다. 날마다 하나님을 감동시킴으로 하나님께서 베푸시는 복과 은혜를 누리는 삶을 살게 되기를 바랍니다.

함께 나누기

1. 우리의 삶을 의미 있게 만드는 것이 있다면 무엇이 있을까요?

2. 물질의 주인이 내가 아니라 하나님이시며 우리는 단지 청지기일 뿐이라는 말을 들을 때 어떤 생각이 드십니까?

3. 오벧에돔의 신앙을 보면서 하나님으로부터 오는 복을 받기 위해 실천할 수 있는 일이 있다면 나누어 봅시다.

한 주간의 기도 제목

나

가정

교회

/제32과/
기도하는 삶

성경: 시편 88:1-18 / 찬송: 365장

“여호와여 오직 내가 주께 부르짖었사오니 아침에 나의 기도가 주의 앞에 이르리이다”(13절)

신앙생활을 하면서 기도로 하나님을 찾는 일이 중요하다는 것을 모르는 사람이 있을까요? 예수님께서도 이 땅에 계실 때 기도하셨으며 또한 기도하는 것을 강조하셨던 것을 복음서의 말씀들을 통해서 알 수가 있습니다. 심지어 예수님께서는 우리가 ‘주기도문’이라고 부르는 기도의 모범을 가르쳐주시기도 하지 않았습니까? 그만큼 기도한다는 것이 신앙인에게 있어서 너무나도 중요한 일이라는 것입니다. 그런데 이렇게 중요한 기도생활을 우리는 얼마나 삶 속에서 실천을 하고 있는 것일까요?

2023년 7월 09일, ‘한국기독교목회자협의회’라는 단체가 비개신교인 1,000명, 개신교인 1,000명, 그리고 목회자 802명을 대상으로 「한국인의 종교 생활과 신앙의식」에 관한 조사를 하고 그 결과를 발표했는데, 그 중 기도생활에 관한 내용이 이렇습니다.

‘예배와 식사시간에 하는 기도를 제외하고 하루 평균 얼마나 기도하십니까?’라는 질문에 개신교인은 평균 24분을 기도한다고 대답을 했는데, 5명 중 1명(22.5%)은 기도를 하지 않는다고 답을 했고, 10분 이하라는 응답이 29.7%로 가장 많았습니다.

성도님들은 평소 얼마나 기도를 하시는지요? 혹자는 ‘삶이 곧 전쟁이다’라고 말하며 우리의 삶에 항상 이런저런 문제가 있음을 말합니다. 때로는 우리가 미처 예상하거나 생각하지도 못했던 일들, 그리고 어찌할 바를 모르는 일들이 일어나 우리의 삶을 송두리째 뒤집어 놓기도 합니다. 이런 전쟁 같은 삶을 살면서 하나님의 도우심이 필요 없는 사람이 있을까요? 우리에게는 언제나 기도해야 할 이유, 그리고 하나님께 간절히 매달려야 할 이유가 차고도 넘칩니다.

시편 88편에서 시편기자는 자신이 삶 가운데 겪는 상황이 얼마나 고통스러운지를 이렇게 표현합니다.

"무릇 나의 영혼에는 재난이 가득하며 나의 생명은 스올에 가까웠사오니"(3절)

스올은 죽음을 뜻합니다. 도대체 삶이 얼마나 힘들기에 죽음에 가까웠다고 고백하는 것일까요? 그리고 이러한 고통 중에 성도는 과연 무엇을 해야 하며 무엇을 할 수 있을까요?

시편 88편에서 주의깊게 봐야 할 것은 시편기자가 죽음과 같은 고통을 경험하면서도 하나님께 부르짖으며 기도한다는 것입니다.

"여호와 내 구원의 하나님이여 내가 주야로 주 앞에서 부르짖었사오니 나의 기도가 주 앞에 이르게 하시며 나의 부르짖음에 주의 귀를 기울여 주소서"(1-2절)

"내가 매일 주를 부르며 주를 향하여 나의 두 손을 들었나이다"(9절)

"여호와여 오직 내가 주께 부르짖었사오니 아침에 나의 기도가 주의 앞에 이르리이다"(13절)

죽음에 이르는 듯한 어려움 가운데 시편기자는 하나님 앞에 부르짖어 기도합니다. 어쩌면 목숨을 건 기도일 수 있습니다. 그는 어떤 마음과 이유를 품었던 것일까요? 시편기자의 마음을 우리가 다 헤아릴 수는 없겠으나 분명한 것은 그가 하나님이 아니면 안 된다는 그리고 하나님만이 자신의 문제를 해결하실 수 있다는 확고한 믿음으로 기도했을 거라는 것입니다. 기도하면 하나님께서 들으신다는 믿음이 있고, 기도하면 하나님께서 도우신다는 것을 확신한다면 어찌 기도하지 않을 수가 있을까요?

『무릎으로 사는 그리스도인』이라는 책의 내용 중에 이런 글이 있습니다.

"우리가 하나님이나 사람을 위해 할 수 있는 가장 큰 일은 기도하는 일임을 잊지 말자! 그 이유는 기도로 이룰 수 있는 일이 우리의 노력으로 이룰 수 있는 일보다 훨씬 많기 때문이다."

아무리 절박하거나 다급한 순간을 맞이했다고 하더라도 모든 사람이 기도하는 것은 아닐 것입니다. 그러나 누군가는 기도를 삶의 우선순위에서 제일 첫 순위에 올려놓고 하나님의 은혜를 구하는 가운데 집중하며 기도하는 것도 사실입니다.

성도에게 있어서 기도는 적어도 의무이며 책임이자 또한 은혜와 사랑이며 감사입니다. 우리가 분명히 기억해야 할 사실은, 기도하는 자는 기도하지 않는 자가 경험치 못한 하나님의 은혜를 경험한다는 것입니다.

소망하기는 날마다 기도로 하나님의 은혜와 사랑을 깊이 경험하는 시간들이 많아지기를 축복합니다.

함께 나누기

1. 개신교인이 평균 24분을 기도한다는 여론조사를 보면서 어떤 생각이 드시는지요?

2. 우리로 하여금 힘써 기도하지 못하게 하는 이유에는 어떤 것들이 있을까요?

3. 하나님께 전심으로 기도할 때 어떤 유익이 있으리라 생각하십니까? 기도로 하나님의 은혜를 경험한 일이 있으면 나누어 봅시다.

한 주간의 기도 제목

나

가정

교회

/제33과/

도우시는 하나님

성경: 사무엘상 7:3-12 / 찬송: 302장

"사무엘이 돌을 취하여 미스바와 센 사이에 세워 이르되 여호와께서 여기까지 우리를 도우셨다 하고 그 이름을 에벤에셀이라 하니라"(12절)

언제부터인가 우리 사회에 3포 세대, 9포 세대, N포 세대와 같은 말들이 생겨났습니다. 이는 취업난, 생활고, 가계 부채의 증가 등으로 인생의 중요한 일들인 연애, 결혼, 출산, 취업, 내 집 마련과 같은 일들을 포기하고 살 수밖에 없는 20대와 30대를 일컫는 말입니다. 그만큼 삶을 살아내기가 팍팍해졌다는 의미입니다.

그런데 코로나 19와 더불어 심각한 경제난을 겪어오면서 모든 것을 포기할 수밖에 없고 다 내주어야 하는 시대라고 하더라도 마음속에 희망과 소망까지도 포기하고 접어야 하는 것일까요? 삶 가운데 희망과 소망이라는 단어를 떠올리는 것은 사치일까요?

사무엘상 3-6장까지의 내용을 보면 하나님의 선민이라는 이스라엘 백성들이 안으로는 제사장들의 부패로 말미암아 영적 타락을 경험하고 있고, 밖으로는 블레셋과의 전쟁으로 인한 심각한 위기를 겪는 중 하나님의 언약궤마저 블레셋에게 빼앗기는 일이 일어났음을 알 수 있습니다. 이 당시 하나님 임재의 상징이던 언약궤를 빼앗겼다는 것은 이스라엘 백성들이 그만큼 영적으로 무뎌져 있었다는 것을 단적으로 보여줍니다. 때로 다른 민족과의 전투에 질 때도 있겠으나 하나님의 선민으로서 하나님을 향한 신앙만큼은 확고히 붙들고 있어야 하는데 그들은 이 일에 실패를 한 것이고 포기하지 말아야 할 것을 포기한 것입니다.

주변 환경과 상황에 따라 하나님을 달리 믿고 때로는 신앙을 포기한다면 이는 올바른 신앙생활이 아닐 것입니다. 그렇기에 제자훈련이라는 말도 있듯이 신앙생활에도 훈련이 필요합니다. 어떠한 상황에도 문제가 아닌 하나님만을 바라보고 의지하는 훈련이 필요합니다. 하나님께서는 어둠의 시대에 오직 하나님만을 확고히 붙드는 인물을 찾으셨고 그가 바로 사무엘입니다. 전쟁에서 패함으로 모든 것을 상실하고 영적으로도 무뎌져 모든 것이 포기되어진 시대에 하나님께서는 사무엘을 준비시키셨던 것입니다.

사무엘의 외침을 들어보십시오. 사무엘은 절망 가운데 하나님의 구원으로부터 시작되는 희망을 말하고 있습니다.

"… 만일 너희가 전심으로 여호와께 돌아오려거든 이방 신들과 아스다롯을 너희 중에서 제거하고 너희 마음을 여호와께로 향하여 그만을 섬기라 그리하면 너희를 블레셋 사람의 손에서 건져내시리라"(3절)

영적으로 신실하게 훈련받은 사무엘이 판단하는 이스라엘 백성들의 문제는 무엇입니까? 전쟁에 패했기에 하나님의 궤를 빼앗기고 그에 따라 어려움을 겪고 있는 것이 아닙니다. 원인과 결과의 순서가 바뀌었습니다. 전쟁에서 패했기에 하나님을 섬기지 못하고 어려움을 겪게 된 것이 아니라, 하나님만을 온전히 바라보지 못했기에 전쟁에서 패한 것입니다. 문제의 초점이 전쟁의 승패가 아니라 하나님과의 관계입니다. 우선순위의 첫 번째가 하나님과의 관계 회복입니다.

우리가 가지고 있는 문제의 이유도 마찬가지일 수 있습니다. 누구도 예상치 못했던 코로나 19의 확산은 참으로 어려운 시기를 겪게 했습니다. 그 밖에 경제위기로 인한 물질문제, 건강, 다른 사람과의 관계의 문제도 우리의 삶을 팍팍하게 만들기에 충분할 만큼 어려운 문제입니다. 그러나 그 모든 것 이전에 하나님과의 관계를 먼저 살펴보아야 합니다. 문제가 아니라 하나님께 집중해야 합니다. 아무리 전쟁 같은 삶일지라도 구원의 하나님을 붙잡으면 절망적인 상황에서도 희망을 볼 수 있습니다. 이 영적인 원리를 명확히 알고 있는 사무엘이 행하는 일들이 무엇입니까?

미스바로 이스라엘 백성들을 모으고 금식하며 기도합니다.

"사무엘이 이르되 온 이스라엘은 미스바로 모이라 내가 너희를 위하여 여호와께 기도하리라 하매"(5절)

그리고 블레셋이 쳐들어오는 다급한 순간에도 정성들여 하나님께 온전한 예배를 드립니다. 그러자 하나님께서 응답하셨습니다.

"사무엘이 젖 먹는 어린 양 하나를 가져다가 온전한 번제를 여호와께 드리고 이스라엘을 위하여 여호와께 부르짖으매 여호와께서 응답하셨더라"(9절)

회개와 금식, 그리고 신령과 진정으로 드리는 온전한 예배에는 하나님의 임재가 있습니다. 마음 가득히 채워주시는 은혜가 있습니다. 하나님과의 관계 회복이 이루어집니다. 하나님의 뜻을 깨닫게 되고 하나님의 뜻 안에서 살아갈 용기를 얻게 됩니다. 절망 가운데 희망을 보게 됩니다.

어떠한 상황에도 하나님을 붙잡은 손을 놓지 마십시오. 에벤에셀의 하나님께서 도우실 줄 믿습니다.

함께 나누기

1. 지금 당면하고 있는 삶의 문제가 있다면 가능한 부분까지 함께 나누고 기도하시기 바랍니다.

2. 우리가 하나님을 우선하고 하나님께 집중하는 삶으로 변화하기 위해서 무엇을 어떻게 해야 할까요?

3. 절망 중에 도우시는 하나님을 경험한 일이 있다면 나누어 봅시다.

한 주간의 기도 제목

나

가정

교회

/제34과/
목자 되시는 하나님

성경: 시편 23:1-6 / 찬송: 568장

"여호와는 나의 목자시니 내게 부족함이 없으리로다"(1절)

우리가 신앙생활을 하며 종종 오해하는 일들 중 하나가 예수를 믿으면 사는 동안 고통이나 고난 없이 복 받고 만사형통을 누린다고 생각하는 것입니다. 그러나 이것은 사실이 아닙니다. 이 땅에서 우리가 육신의 옷을 입고 사는 동안 누구나 다 생로병사(生老病死)를 겪게 되고, 그 와중에 고통을 경험하게 되기도 하며, 또 우리만 사는 세상이 아니기에 타인과의 관계에서 오는 아픔을 겪을 수도 있음을 알아야 합니다. 그럼에도 우리가 예수를 잘 믿으면 이러한 고통을 경험하는 삶 가운데서도 깊은 삶의 진정한 의미를 찾게 되고 하나님의 은혜 안에서 그분의 돌보심과 사랑을 깊이 경험하게 되는 것도 분명한 사실입니다.

시편 23편은 성경의 여러 말씀들 중에서도 많은 사람들로부터 사랑을 받는 말씀입니다. 그만큼 많이 알려졌고 그렇기에 친숙합니다. 그런데 많은 분들이 이 시편 23편의 내용과 관련하여 오해를 하는 부분이 있습니다. 이러한 일은 이 시편 23편을 1-3절까지만 읽고 4절 이하 말씀을 포함한 시편 23편의 전체를 세심히 살피지 못하기 때문에 발생합니다.

시편 23편이 주는 주요 이미지는 삶이 늘 평화롭고 평온하다는 것을 노래함에 있지 않습니다. 오히려 시편 23편을 기록한 다윗이 말하는 삶에는 죽음과 같은 어두운 그늘이 있고 원수들이 해코지 하고자 달려듭니다. 우리는 이렇게 때로는 예측하기도 힘들고, 때로는 어찌해야 할지 막막한 상황을 겪으며 신앙생활을 하고 있는 것입니다.

이 시편 23편을 올바로 이해하기 위해서 이런 상황을 가정했으면 좋겠습니다. 삶의 이루 말할 수 없는 아픔과 고통을 겪는 가운데, 조용한 시간을 찾아 모든 것을 뒤로 하고 교회에 나아와 잠잠히, 그리고 간절히 주님의 십자가를 바라보며 은혜를 구합니다. 이러한 상황 가운데 마음 깊은 곳에서부터 울려 퍼지는 신앙의 고백을 생각하며 시편 23편을 다시 보시기 바랍니다.

오늘 본문 1절에서 다윗은 이렇게 고백합니다.

"여호와는 나의 목자시니 내게 부족함이 없으리로다"(1절)

고대 사회에서는 왕을 목자로 묘사하곤 했습니다. 다시 말해서 다윗은 여호와 하나님을 자신의 왕으로 부르고 있는 것이고, 여기에는 다윗이 하나님께 충성을 다하며 그분의 통치 아래서 살 것을 다짐하는 의미가 담겨있습니다. 2-3절에 다윗이 경험한 왕으로서의 하나님에 대한 묘사를 보십시오.

"그가 나를 푸른 풀밭에 누이시며 쉴 만한 물 가로 인도하시는도다 내 영혼을 소생시키시고 자기 이름을 위하여 의의 길로 인도하시는도다"(2-3절)

하나님은 당신을 따르는 자들을 푸른 풀밭에 누이시며 쉴 만한 물가로 인도하시는 등 생존을 위한 먹을 것과 마실 것을 공급하시며 대적의 위협을 피해 안전한 가운데 의의 길로 인도하십니다. 그렇기에 다윗은 자신의 이 땅에서의 풍족한 삶과 생존을 위해서 온전히 하나님을 신뢰하며 그분의 인도를 따르고 있음을 노래하지 않을 수 없는 것입니다.

그리고 이러한 왕이신 하나님의 인도하심은 일반적인 하루하루의 삶에서만 경험할 수 있는 것이 아닙니다. 다윗은 자신이 사망의 음침한 골짜기를 걷는 것과 같이 인생의 가장 곤고한 순간을 지날 수 있음을 분명히 알고 있습니다. 그러나 그러한 때에도 지팡이와 막대기로 통치하시며 다윗을 두려움에서 벗어나 평안으로 이끄시는 하나님을 경험한다고 고백하고 있는 것입니다.

"내가 사망의 음침한 골짜기로 다닐지라도 해를 두려워하지 않을 것은 주께서 나와 함께하심이라 주의 지팡이와 막대기가 나를 안위하시나이다"(4절)

날마다 삶 가운데 일어나는 모든 상황 속에서 우리를 지키시고 인도하시는 하나님의 선하심과 인자하심을 맛보아 알게 된다면 어떻게 하시겠습니까? 우리의 결정은 너무나도 당연합니다. 그 하나님을 끝까지 따르는 것 아니겠습니까? 그렇기에 다윗은 이렇게 고백합니다.

"내 평생에 선하심과 인자하심이 반드시 나를 따르리니 내가 여호와의 집에 영원히 살리로다"(6절)

하나님께서 우리의 선한 목자 되심을 잊지 마시기 바랍니다. 하나님께서는 평안하다 싶을 때뿐만이 아니라, 우리가 아파함으로 신음하며 괴로워하는 그 순간에도 우리와 함께하십니다. 모든 상황 속에서 하나님의 인도하시는 그 음성을 들을 수 있기를 바랍니다. 그분께서 인도하시는 그 길을 따라 걸을 수 있기를 축원드립니다.

함께 나누기

1. 요즘 성도님의 삶은 어떻습니까? 푸른 풀밭 쉴 만한 물가를 걷고 계십니까 아니면 사망의 음침한 골짜기를 걷고 계십니까?

2. 평안할 때와 마찬가지로 고난당하고 있다고 느낄 때에도 동일한 마음으로 하나님을 찾고 있다고 생각합니까?

3. 어떤 상황에서도 목자되신 하나님을 따르기를 소원하며 함께 기도하시기 바랍니다.

한 주간의 기도 제목

나

가정

교회

/제35과/
부르시는 주님의 음성

성경: 마태복음 4:18-22 / 찬송: 449장

"말씀하시되 나를 따라오라 내가 너희를 사람을 낚는 어부가 되게 하리라 하시니"(19절)

어느 날 낯선 사내가 와서 다짜고짜 함께 일을 하자고 합니다. 여러분은 어떻게 하시겠습니까? 우리의 삶 속에서 실제로 이런 일이 일어난다면 십중팔구는 이 사람을 미쳤거나 이상한 사람으로 생각하고 심각하다 싶으면 경찰에 신고할 수도 있을 것입니다.

잘 알지 못하는 낯선 사람을 마주함으로 불편한 상황을 겪게 되는 일은 대다수의 사람들에게 어느 정도 스트레스를 줄 것입니다. 그렇기에 많은 사람들이 낯선 사람을 마주하거나 대화를 하는 것을 극도로 꺼려 합니다. 자신의 생활패턴을 정해놓고 그 안에서 안주하기 원하기에 그것에서 벗어나 새로운 것을 시도하는 것을 큰 모험으로 여깁니다. 변화가 반가운 것이 아니라 변화를 불편하게 생각하게 되는 것입니다.

사람 사는 모습은 비슷합니다. 어쩌면 이러한 모습은 2,000년 전 예수님 당시의 사람들에게도 마찬가지였을 것입니다. 낯선 사내의 이해하지 못할 부름에 응답하여 자기 자신이 일평생 해오던 그 편안하고 익숙한 일상을 포기하고 새로운 변화를 향해 발걸음을 옮긴다는 것은 말처럼 쉬운 일은 아닙니다.

그러나 베드로와 안드레, 그리고 야고보와 요한은 낯선 사내의 부름에 응답하여 하던 일을 멈추고 그를 따라 나섰습니다. 그리고 우리 모두가 잘 알듯이 그들의 순종은 자기 자신뿐만이 아닌 인류 역사를 바꾸어 놓는 큰 변화의 시작이 되었습니다.

예수님 당시에는 제자들이 자신의 스승을 찾는 것이 일반적이지 랍비들이 자신이 가르칠 제자들을 찾아나서는 경우는 없었습니다. 그럼에도 불구하고 예수님께서는 자신을 따를 제자를 찾아 갈릴리 해변을 거니셨습니다. 그리고 시몬 베드로와 그의 형제 안드레, 세베대의 아들 야고보와 그의 형제 요한을 보셨고 그들에게 말씀하셨습니다.

"나를 따라오라 내가 너희를 사람을 낚는 어부가 되게 하리라"(19절)

분주하고 정신없이 하루하루를 보내며 틀에 박힌 삶을 사는 매일의 일상 속에서, 따로 시간을 내어 '나를 따라오라'는 주님의 음성은 어쩌면 굉장히 낯설고, 매우 불편한 요구일지도 모르겠습니다.

예를 들면 이렇습니다. 공적인 예배만을 계산한다고 했을 때, 주일예배에만 참석을 한다면 1주일에 대략 1시간 정도, 수요예배를 더하면 1주일에 2시간, 금요기도회를 더하다면 1주일에 3시간, 주일을 제외한 주중 새벽기도회까지 더하면 1주일에 9시간을 교회에서 보내야 합니다. 1주일 168시간 중에서 9시간을 생각한다면 이것은 누군가에게는 하나님께 예배하며 교제하는 시간으로는 굉장히 짧은 시간이라고 생각할 수도 있겠지만, 다수의 사람들에게는 굉장히 긴 시간이라고 여겨지고 있으며, 주일예배 1시간을 제외하면 나머지 8시간은 굉장히 낯선 시간일 수도 있을 것입니다. 이것은 주일예배를 제외한 다른 예배의 출석률이 현저히 적은 것을 보면 알 수가 있습니다.

그러나 예수님은 그러한 낯선 환경으로 나아오라고 말씀하고 계십니다. 그 낯선 환경을 통해 새로운 것을 경험하게 될 것이라고 말씀하시는 것입니다. 예수님의 '나를 따라오라'는 말씀은 예수님의 신적 권위에 입각한 절대적이며 강권적인 명령입니다. 예수님께서 명령하셨다는 것은 그 명령을 받은 자가 순종할 것을 기대하고 있다는 뜻이 됩니다. 명령에는 반드시 순종으로 응답해야 합니다. 또한 이 말씀은 단순히 육체적으로만 예수님을 따르라는 의미가 아닙니다. 삶의 방법과 목적과 관심을 모두 예수님께 맞추고 전심

(全心)으로 따르라는 말씀입니다.

성경은 예수님의 명령에 시몬 베드로와 그의 형제 안드레, 세베대의 아들 야고보와 그의 형제 요한이 순종했다고 말합니다. 예수님은 그들이 순종하기 쉽도록 어떤 기적을 보여주시거나 특별한 가르침을 주시거나 어떤 장황한 인생교훈을 설명하시지 않으셨습니다. 그럼에도 성경은 그들이 순종했다고 말합니다. 이것이 진짜 기적입니다. 예수님의 말씀에는 사람을 따르게 하는 놀라운 능력이 있습니다. 예수님의 말씀을 온전히 귀 기울여 들으면 우리 안에 변화가 일어납니다.

'나를 따라오라'는 예수님의 말씀에 순종하며 전심으로 나아갈 때 우리가 경험하는 일들은 굉장히 낯선 것일 수 있으나 분명 의미 있는 일들입니다. 예배하는 것이 즐겁고, 깨어 기도하는 시간이 소중해지며, 말씀을 묵상하는 일에 시간 가는 줄 모르게 됩니다. 우리의 사용하는 언어가 바뀌고, 이기적이었던 우리의 삶의 태도가 변하고, 늘 부정적이었던 생각이 긍정적으로 변하며, 욕심과 적대적인 생활이 변하여 사랑하고 섬기며 나누는 삶으로 변화하게 됩니다. 그리고 궁극적으로는 이러한 우리의 변화는 다른 사람에게까지 선한 영향력을 미쳐 그들로 하여금 구원의 길로 나아오게 합니다.

해야 할 것도, 신경 써야 할 것도 많은 분주한 삶이지만, 우리를 직접 찾아오셔서 '나를 따라오라'라고 말씀하시는 주님의 음성을 놓치지 않기를 바랍니다. 안주하고 있는 자리를 박차고 일어나 낯선 환경으로 나아오기를 주저하지 마시길 바랍니다. 주님을 따르는 그 길이 낯설고 좁고 힘든 길일지는 모르지만, 그 길을 다 걷고 났을 때, 잘했다 칭찬하실 그 주님의 은혜를 생각하시길 바랍니다.

함께 나누기

1. 처음 어떻게 예수를 믿게 되었는지 나누어봅시다.

2. 지금 예수님께서 또 다른 사역과 봉사로 성도님을 부르신다면 어떻게 반응하시겠습니까?

3. 제자들은 부르심에 순종하기 위해서 배와 그물 등을 포기했습니다. 제자들이 모든 것을 버려두고 예수님을 따르는 결단을 내리게 한 힘 또는 이유는 무엇이라고 생각하십니까?

한 주간의 기도 제목

나

가정

교회

9월

/제36과/
다른 기도와는 무엇이 다른가요?

성경: 히브리서 11:1-6 / 찬송: 80장

"믿음이 없이는 하나님을 기쁘시게 못하나니 하나님께 나아가는 자는 반드시 그가 계신 것과 또한 그가 자기를 찾는 자들에게 상 주시는 이심을 믿어야 할지니라"(6절)

기도는 우리 기독교 외에 영화나 유행가나 다른 종교 등 일상에서 많이 접할 수 있습니다. 주로 간절한 바람, 숭고한 염원을 표현하고 싶을 때 많이 사용됩니다. 그렇다면, 십자가 복음으로 거듭난 우리 그리스도인의 기도는 이런 기도와는 무엇이 어떻게 다른지 본문을 통하여 알아 보겠습니다.

첫째, 하나님의 살아계심을 반드시 믿고서 기도해야 합니다.

피조물에 나타난 하나님의 신성, 우리 안에 부여하신 하나님을 알 만한 인지능력, 또 구름같이 허다한 증인들, 개인에게 주신 특별한 계기, 깨달음 등을 통해 우리는 하나님의 살아계심에 대한 믿음을 가질 수 있습니다. 그러나 예수님의 부활은 하나님과 성경에 대한 믿음의 강력한 증거요 근거가 됩니다(행 17:31). 예수님의 부활이 우리 신앙의 시작이요 성화와 재림, 심판, 새 창조까지의 근간이라고도 할 수 있습니다.

비록 많은 경우 보이지 않고 귀에 들리지 않지만, 우리는 살아계셔서 모든 것을 보시고 들으시고 다스리시는 절대자 앞으로 나아갑니다. 불교의 석가모니는 죽어서 그 시신을 화장하여 사리를 탑에 보관하고, 이슬람의 마호메트의 무덤은 크게 성지로 만들어 매년 참배하게 하며, 공자의 시신이 안치된 사당인 공묘(孔廟)에서 사람들이 제사를 지냅니다. 모두 죽음을 전제로 추모하고 그 업적을 기념하는 것입니다.

그러나 우리 기독 신앙은 부활로 시작해서 부활로 마칩니다. 저는 개인적으로 신학을 하기 전에 비교종교학을 공부하면서 한때, 4대 종교들이 나름 좋은 말과 행동을 가르치고 있어 꼭 하나님만 믿으라고 할 근거를 놓치고 곤란해 했던 시기가 있었습니다, 그러던 중 은혜로, 예수님의 부활의 사실성을 면밀히 살펴 보고 나서, 확신을 갖고 이왕이면 살아 있어 바로 소통이 되는 신을 믿어야 한다고 당당히 말할 수 있게 되었고 그것은 지금도 동일합니다.

그러므로 기독교는 막연히 허공에 소원을 기원하는 것이나, 죽은 위인의 업적을 기리는 찬가나, 무덤 앞에서 하는 넋두리나 하소연이나, 자기 세뇌나 마인드 컨트롤, 긍정확언 등의 행위와는 비교 자체가 안 되는 차원이 다른 것입니다.

성경에서 말하는 하나님께 기도할 때에는, 만물과 사람을 창조하시고 다스리시고 심판하실 그 하나님이 내 앞에 지금 계신 것을 반드시 믿으며 나아가야 합니다. 그리고 십자가 부활은 이러한 믿음을 돕기 위한 하나님께서 준비하신 능력이요 지혜입니다.

"이는 정하신 사람으로 하여금 천하를 공의로 심판할 날을 작정하시고 이에 그를 죽은 자 가운데서 다시 살리신 것으로 모든 사람에게 믿을 만한 증거를 주셨음이니라"(행 17:31)

둘째, 하나님의 사랑을 반드시 믿어야 합니다

필요로 하는 것을 선뜻 주는 것이 사랑입니다. 같은 값이면 더 좋은 것을 주고 싶다면 이는 큰 사랑입니다. 좋은 것을 주고서 받은 사람이 기뻐하는 것을 보고 행복해 하면 더욱 큰 사랑으로 우리는 여깁니다. 우리 하나님은 우리를 위한 삶의 환경을 만드실 때, 하나님 스스로도 '보시기에 좋을' 정도로 좋은 것으로 준비해 주셨습니다.

하나님은 자녀된 우리가 그분이 만드신 것들을 다스리며 누리게 하시고 그 모습을 보시고 '심히' 기뻐하셨습니다(창 1:31). 뿐만 아니라 하나님은 우리를 바라보시는 것만으로 기쁨을 이기지 못하여 노래가 저절로 나오시는 분이십니다(습 3:17). 하나님은 엄마가 젖먹이를 옥이야 금이야 아끼듯이 우리를 소중히 잠시도 잊지 못하십니다(사 49:15). 하나님은 우리가 나이 들어 노년이 되어도 변함없는 애정으로 보듬고 안아 주십니다(사 46:4). 하나님의 사랑의 극치는 십자가에서 죄 없으신 아들 그리스도를 우리를 대신해 죽게 하심으로 보여주신 것입니다.

"우리가 아직 죄인 되었을 때에 그리스도께서 우리를 위하여 죽으심으로 하나님께서 우리에게 대한 자기의 사랑을 확증하셨느니라"(롬 5:8)

"자기 아들을 아끼지 아니하시고 우리 모든 사람을 위하여 내주신 이가 모든 것을 우리에게 주시지 않겠느냐"(롬 8:32)

'너는 내 아들이야 내가 너를 기뻐한단다'(눅 3:22) 하시며 사랑과 기쁨을 표하시며 자랑하시던 하나님이, 그 아들이 가장 힘든 시기에 이런 소리가 나오게 하셨습니다.

"나의 하나님 나의 하나님 어찌하여 나를 버리셨나이까"(막 15:34)

그 사랑하시는 독생자의 숨이 거칠어져갈 때, 가장 위로가 필요할 때, 그 사랑 많으신 하나님은 철저히 그 아들을 외면하셨습니다. 고개를 돌리고 속으로 피눈물을 흘리시는 하나님이 그려집니다.

함께 나누기

1. 기도할 때 반드시 믿어야 할 것은 무엇이 있습니까?

2. 하나님의 사랑에 관한 좋아하는 구절과 그 이유는 무엇입니까?

3. 오늘의 말씀을 통하여 결단한 것은 무엇입니까?

한 주간의 기도 제목

나

가정

교회

/제37과/
꼭 부르짖어 기도해야 합니까?
- 기도의 기본 자세 -

성경: 누가복음 18:1-8 / 찬송: 91장

"하물며 하나님께서는 밤낮 부르짖는 택하신 자들의 원한을 풀어 주시지 아니하시겠느냐 그들에게 오래 참으시겠느냐"(7절)

우리 성도의 기도는 살아 계시며 좋은 것 주기를 즐거워하시는 사랑의 하나님께 대한 믿음이 반드시 전제되어야 하겠습니다(히 11:6). 혹시 그런 믿음이 희미해질 때마다, 또는 습관적인 기도가 될 때마다 십자가 앞에 나아가 다시 그 초심을 회복해야 하겠습니다. 그런데 '하나님이 우리 필요를 아실 터인데 작게 기도해도 응답해 주시면 안 되시나?' 하는 생각을 해본 적이 없으십니까? 어떠한 결론을 갖고 계십니까? 이것에 대하여 함께 살펴보도록 하겠습니다.

첫째, 부르짖는 기도는 하나님께서 하라고 명하셨습니다

'부르짖다'의 성경원어(헬라어)는 '크라쪼(kravxw;부르짖다, 울부짖다)'인데, 죽음의 위기에서 사력을 다하여 살려 달라는 '울음이 섞인 절규'로 요약할 수 있습니다.

당연히, 하나님은 우리의 필요와 사정을 구하기 전에 미리 아십니다(마 6:6; 시 139:2,3). 그것도, 머리털까지 세실 정도로 세밀하게 아십니다(눅 12:7). 그리고 창조와 복음 완성과 우주와 자연 만물의 운행과 우리의 생사화복에 대하여 우리에게 하라고 주신 작은 부분 외에 수많은 것들을 우리의 기도와 상관 없이 주관해 오고 계십니다. 그리고 우리에게 공급해 주신 모든 것도 그렇게 은혜로 주신 것들입니다.

송준기의 『부르짖는 기도의 비밀』은 다음과 같이 말합니다.

"그럼에도 불구하고 성경의 650개 정도의 구절 중에 자그마치 약 220개 정도에서 부르짖는 기도를 보여주십니다. 단 한 번만 말씀하셔도 따라야 하는 하나님 말씀인데, 이렇게 부르짖는 기도에 대하여 하나님께서 강조하고 계심을 우리는 분명히 기억해야 하겠습니다."

"너는 내게 부르짖으라 내가 네게 응답하겠고 네가 알지 못하는 크고 은밀한 일을 네게 보이리라"(렘 33:2,3)

그리고, 하나님은 성자 예수님으로 오셔서 그 부르짖는 기도의 본도 친히 보여 주셨습니다.

"그는 육체에 계실 때에 자기를 죽음에서 능히 구원하실 이에게 심한 통곡과 눈물로 간구와 소원을 올렸고"(히 5:7)

둘째, '부르짖는' 기도가 중요한 이유를 살펴보겠습니다

국어사전에서는 '격한 감정을 억누르지 못하여 소리 높여 열렬히 말하다'로 설명하고 있는데, 성경원어(헬라어)의 '크라쪼'를 참조하면 '울음'이 더해집니다. 그러면, '조절이 안 되는 격한 감정 + 터져 나오는 큰 소리 + 열렬함 + 울음' 이 되는데, 이것을 한 단어로 집약하면 '간절함'으로 대체할 수 있습니다. 이러한 '간절함'은 중요함, 긴급함, 진심, 전심, 집중, 몰입 등과 맥락을 같이합니다.

이제, 이러한 자세로 기도할 때와 그렇지 않을 때의 우리들의 마음과 반응을 돌아보면 하나님께서 이렇게 기도하라고 하신 뜻을 아는 데 도움이 될 것입니다.

우선, 간절히 기도하지 않으면 별로 감사할 마음이 들지 않습니다. 하나님은 사랑으로 응답해 주시고도 감사조차 받지 못하시게 됩니다. 더 큰 문제는, 이렇게 간절히 기도하지 않으면 하나님의 응답을 잘 인지하지 못하고, 결국 믿음이 자라지 못합니다. 그냥 '내가 운이 좋군, 내가 잘 하고 있군' 할 뿐이지 하나님의 역사를 인정하기가 어렵습니다. 하나님과의 관계에 아무 변화도 생기지 않습니다.

반면에, 목이 쉬도록 부르짖으며 간절히 기도할 때에는 하나님의 역사를 확실히 알고 감격하며 넘치는 감사를 드리게 됩니다. 그리고 이런 체험이 쌓이면서 믿음이 자라가며, 기쁨과 확신이 생기므로 생활이 달라지며, 하나님과의 친밀함이 커지게 됩니다.

하나님은 이와 같이 우리의 믿음 성장의 유익을 위해 부르짖는 기도를 통하여 우리가 하나님께 온전히 집중하고 몰입되기를 일부러 기다리실 수 있다는 것을 알 수 있습니다. 이런 관점에서 방언기도, 금식기도, 작정기도, 서원기도, 합심통성기도, 집회기도, 골방기도 등도 우선은 '간절함'에 있음에 의미를 찾을 수 있습니다.

한편, 이러한 '간절함', '진심', '전심'이 유지된다면 부르짖는 기도 외에도 묵상이나 침묵이나 잔잔한 대화로도 얼마든지 하나님과 소통할 수 있습니다(출 33:11). 그러므로 사역자들은 부르짖는 기도의 다양한 기회를 제공하고, 활성화하여 성도들이 신앙 성장을 적극 이루도록 힘써야 합니다.

다만, 대표기도나 세미나나 식사기도 등 상황과 필요에 따라 알맞은 기도 형태를 취해야 하며, 큰 소리 자체로 믿음이 큰 것처럼 여기려는 외식에 빠지지 않고, 타성에 젖은 외침이 되지 않도록 늘 스스로를 살펴야 하겠습니다.

부르짖는 기도는 우리의 믿음을 성장시키고 성령의 열매를 맺게 할 것입니다(마 7:20; 갈 5:22,23).

함께 나누기

1. 하나님은 부르짖는 기도를 왜 요구하십니까?

2. 부르짖는 기도를 할 때 주의할 점은 무엇이 있습니까?

3. 오늘의 말씀을 통하여 결단한 것은 무엇입니까?

한 주간의 기도 제목

나

가정

교회

/제38과/

잘못한 게 많아 기도하기가 죄송해요

- 회개(자백) 기도를 통한 신앙 성장 -

성경: 요한일서 1:5-10 / 찬송: 290장, 538장

"만일 우리가 우리 죄를 자백하면 저는 미쁘시고 의로우사 우리 죄를 사하시며 모든 불의에서 우리를 깨끗게 하실 것이요"(9절)

기도에서 굳이 수준을 논한다면, 하나님과의 진솔함 또는 친밀함에서 차이가 있습니다. 기도 즉 하나님과의 대화에는 간구도 있고, 감사, 찬양, 회개와 자백, 도고 등이 있습니다. 그것은 상황에 따라 전하고자 하는 내용이 달라지는 것이고 진솔함이 중요할 뿐 간구 기도를 많이 하는 성도는 신앙이 덜 성숙하다는 식으로 평가하는 것은 이러한 기도의 성격을 간과하는 것입니다.

이에 대하여 송준기 목사는 『부르짖는 기도의 비밀』이란 책에서 기도의 고수로 알려져 있던 한 권사님께 일부러 찾아가 질문을 드렸던 경험을 예로 듭니다.

"권사님 어떻게 그렇게 오래 간절한 기도를 드리실 수 있으세요?"
"울 일이 많아서 그래요."

그러므로 단순히 달라고 하는 기도를 많이 한다고 함부로 폄하해서는 안 되겠습니다. 다시 강조하지만, 기도는 대화이므로 대화에서 가장 중요한 것은 진실함과 친밀함이 우선 아니겠습니까? 이제 하나님을 더 신뢰하게 하고 친밀함을 키우는 데 있어 큰 도움이 될 회개 또는 자백 기도에 대하여 살펴보고자 합니다.

살다 보면 잘못을 저지르고 이를 시인하므로 용서를 구할 때가 있습니다.

정말 큰 용기와 결단이 필요하지 않습니까? 말할 수 없어 꼭꼭 숨겨놓고 '차라리 내가 책임지고 말리라' 하고 품고 있던 것을 내 입으로 시인한다는 것은 사실 죽기보다 싫을 수 있습니다.

솔직한 고백을 듣고 허물을 덮어 용서해주고, 나를 이해해 줄 사람이 있다면, 얼마나 다행이고 복됩니까? 그리고 그를 믿고 내 허물과 잘못을 털어 놓았더니 역시나 용서만이 아니라 진심으로 위로하여 주며 '너는 그럴 사람이 아니야 꼭 이겨낼 거야' 하며 격려해주고 나아가 모든 조언과 도움까지 주는 것을 경험한다면 우리는 그 사람을 어떻게 생각하겠습니까? 평생 은인으로 여기며 감사와 존경과 사랑으로 그를 결코 잊지 못할 것입니다. 그리고 힘과 용기를 얻어 결국 그렇게 자기를 짓누르던 죄에 대항하여 힘을 다해 싸우고 또 싸우는 자신을 보게 될 것입니다. 이것이 용서의 힘입니다.

우리 하나님이 바로 그런 분이십니다. 누가복음 15장의 집 나간 탕자의 비유에서, 차마 아들로는 말고 그저 종으로 받아 달라고 하리라 생각하고 돌아오는 그 아들을 보자마자 아버지는 연민이 폭발합니다.

"아직도 거리가 먼데 아버지가 그를 보고 측은히 여겨 달려가 목을 안고 입을 맞추니"(눅 15:20)

그렇습니다. 그 앞에 나아와 고개도 못 들고 차마 아무 말도 못 꺼내는 우리를 주님은 이미 측은히 여기십니다. 조용히 안아 주시며, "괜찮아, 내가 다 해결했단다." 하시면서 손에 난 못 자국을 보여주십니다. 그리고, 이제는 마음껏 성령님의 도우심을 받으라고 든든한 지원자를 알려 주십니다.

"만일 우리가 우리 죄를 자백하면 그는 미쁘시고 의로우사 우리 죄를 사하시며 모든 불의에서 우리를 깨끗하게 하실 것이요"(요일 1:9)

그리고 이렇게 용서하시고 격려하셨음에도 불구하고 우리가 또 넘어지고 또 실망시켜드려도 그때마다 진심으로 아버지 앞에 나아와 통회하며 자백하면 용서하신다고 약속하신다니 이 얼마나 다행이고 감사합니까?

"예수께서 이르시되 네게 이르노니 일곱 번뿐 아니라 일곱 번을 일흔 번까지라도 할지니라"(마 18:22)

횟수가 문제가 아닙니다. 그렇게 용서를 가르쳐 주신 주님은 먼저 우리를 용서하신 분입니다(롬 5:6-8). 우리가 회개와 자백만 하면 되는 것은 예수님이 이미 충분하고 완전한 대가를 치러주셨기에 가능한 것입니다. 아버지를 아버지로 인정하지 않는 불효가 가장 큰 죄일 것인데, 우리가 하나님을 아버지로 인정하지도 않고 죄를 밥 먹듯이 지으며 살고 있을 바로 그 때에, 하나님은 말로 할 수 없는 영원한 희생의 제사를 치러 생명의 길을 만드셨습니다. 그 제사는 온 인류의 과거 현재 미래의 모든 죄의 값을 치루신 영원한 제사였습니다.

"오직 자기의 피로 영원한 속죄를 이루사 단번에 성소에 들어가셨느니라"(히 9:12)

돌아온 탕자를 맞아 주신 아버지는 용서하고 타이르고 가르치고 때로는 혼내기도 하시면서 결국 그 아들을 바르고 훌륭하게 길러 내실 것입니다. 그러므로 그 아들은 교만하지 않고 모든 감사와 영광과 존경을 아버지께 드릴 것이고, 말할 수 없는 신뢰로 아버지와 함께 동고동락하는 것을 가장 큰 행복과 기쁨으로 여길 것입니다.

이렇듯, 자백과 회개로 주님의 용서를 날마다 덧입는 삶은, 결국 완악한 나를 변화시킵니다. 더 나아가 나의 마음을 온전히 열어 주님만 신뢰하고 사랑하게 합니다.

함께 나누기

1. 간구 기도를 많이 한다고 폄하할 수 없는 이유는 무엇입니까?

2. 우리가 죄를 자백하면 하나님은 어떻게 역사하십니까?

3. 오늘의 말씀을 통하여 결단한 것은 무엇입니까?

한 주간의 기도 제목

나

가정

교회

/제39과/

삶을 위해 기도할 게 너무 많아요

- 전도와 양육에 헌신된 기도의 힘 -

성경: 마태복음 6:30-34 / 찬송: 503장, 505장

"그런즉 너희는 먼저 그의 나라와 그의 의를 구하라 그리하면 이 모든 것을 너희에게 더하시리라"(33절)

인류의 관심과 활동의 상당 부분은 의식주와 관련되어 있습니다. 이를 위해 사람들은 긴 시간 피곤하도록 수고하고 치열하게 씨름도 합니다. 그러나 어느 노래 가사처럼 '등이 휠 것 같은 삶의 무게'에 눌려 있는 자신과 이웃을 보고 어깨가 처지곤 합니다. 우리 주님은 사람들의 고단함을 누구보다도 잘 아십니다.

"수고하고 무거운 짐 진 자들아 다 내게로 오라 내가 너희를 쉬게 하리라"(마 11:28)

그리고 한 걸음 더 나아가 살아 가면서 결코 벗어날 수 없을 것 같은 이 문제에 대하여 명쾌한 해결책을 선포하십니다. 우리 주님 말고 누가 감히 이렇게 명쾌한 대안을 선언할 수 있겠습니까?(마 6:33) 그런데 정말 놀라운 것은 이것이 이미 인류 역사에서 증명되어지고 있고, 우리나라도 그 증거에 포함되고 있다는 것입니다.

"현대 민주주의는 유대교의 정의의 윤리와 기독교의 사랑의 윤리의 직접적 유산이다"(위르겐 하버마스, 독일, 세계철학계의 거두).

뿐만 아니라 '민주주의'와 '법치주의'의 제도 하에 '자유시장경제'가 작동

되는 사회와 그렇지 않은 사회가 삶의 수준과 질에 있어서 극명한 차이를 보이고 있다고 수많은 학자들이 선언하고 있는 것입니다.

그렇다면, "하나님의 나라와 의'를 구하는 삶이 무엇입니까?" 다양한 해석이 가능하겠으나 '하나님의 나라와 의'는 일단 '영혼 구원의 전도와 양육의 삶'이라고 정의하면 큰 이견은 없을 것입니다. 즉, 성경해석의 시작점이 되는 문자적 관점에서 보면 일반적으로 '주권적 통치가 이뤄지는 곳'이 '나라'라고 할 수 있고, 이것은 다시 성경적으로 '복음을 받아들이는 순종으로부터 시작하여 점차 더욱 순종하여 하나님의 통치를 받아들이는 사람이 많아지게 하는 것'이 곧 '하나님의 나라를 확장'시키는 것이라 할 수 있을 것입니다, 우리는 이것이 현실적으로 '전도와 양육'으로 실현되는 것을 알고 있습니다.

"그러므로 너희는 가서 모든 족속으로 제자를 삼아 아버지와 아들과 성령의 이름으로 세례를 베풀고 내가 너희에게 분부한 모든 것을 가르쳐 지키게 하라"(마 28:19,20)

이 말씀이 바로 '전도와 양육'의 사역을 잘 설명해 주고 있습니다. 이 말씀은 예수님이 승천하실 때 남기신, 유언에 해당하는 것으로 지극히 중요하다 하여, 지상명령(至上命令, The Great Mission)이라고도 합니다.

그러면 "전도와 양육은 왜 그리 중요할까요?" 하나님은 우리의 구원을 위해 독생자를 희생시키실 정도로 우리를 아끼고 사랑하십니다. 그런데 그 희생을 치러 죄사함과 영생을 믿음의 선물로 준비해 주셨건만(엡 2:8,9), 이것을 듣지도 못하고 또는 선부른 오해로 거부하고 그대로 지옥의 영원한 형벌에 처하게 된다면 하나님이 얼마나 아프고 애통하시겠습니까?

그리고 설사 하나님의 자녀로 거듭나 지옥 형벌을 면한 경우라 해도, 만일 제대로 성장하지 않으면 얼마나 아프고 슬퍼하시겠습니까? 하나님께서는 영적으로 갓난 아기인 자녀가 자라가며 사랑의 교제 나누기를 얼마나 원하시는지는 우리 가정을 생각해 보면 곧 알 수 있습니다.

그러므로 이 전도와 양육은 하나님이 가장 기뻐하시는 일이요 하나님께 대한 사랑의 표현이 아닐 수 없습니다. 그리고 동시에 사역의 대상자인 그 한 사람에게도 '영원하고 가장 중요한 필요를 채우고 섬기는 숭고한 사랑'이 아닐 수 없는 것입니다.

"가난한 자를 불쌍히 여기는 것은 여호와께 꾸어 드리는 것이라. 그의 선행을 그에게 갚아 주시리라"(잠 19:17)

모든 것을 지으시고 다 소유하신 만유의 대주재께(대상29:11,12) 감히 우리가 꾸어드리는 것이라고 표현하고 계십니다. 우리도 내 자녀에게 누군가가 잘 해주면 빚진 마음을 가지고 속히 갚아 주려고 하는데, 하물며 우리 하나님이 가만히 계시겠습니까?

우리가 전도와 양육으로 하나님을 사랑하고 이웃을 사랑하는 데에 헌신되어 있다면 하나님은 그 일에 필요한 대로 마음껏 물질도 명예도 맡기실 것입니다. 선한 청지기로서 주인의 뜻에 따라 잘 활용하고 사용하라고 맡기시고 또 맡기실 것입니다.

"너희가 내 안에 거하고 내 말이 너희 안에 거하면 무엇이든지 원하는 대로 구하라 그리하면 이루리라"(요 15:7)

함께 나누기

1. 내 삶의 곤고함을 근본적으로 벗어날 방법은 무엇입니까?

2. 전도와 양육은 결국 어떻게 형통한 삶을 초래합니까?

3. 오늘의 말씀을 통하여 결단한 것은 무엇입니까?

한 주간의 기도 제목

나

가정

교회

10월

제40과 이단대처 교리공부: 성경

제41과 이단대처 교리공부: 하나님

제42과 이단대처 교리공부: 예수님

제43과 이단대처 교리공부: 성령님

/제40과/
이단대처 교리공부: 성경

성경: 요한복음 5:39 / 찬송: 199장

"너희가 성경에서 영생을 얻는 줄 생각하고 성경을 연구하거니와 이 성경이 곧 내게 대하여 증언하는 것이니라"

성경은 하나님이 하나님 되심을 인간이 알 수 있도록 하시기 위해 성령의 감동으로 쓰여진 특별계시입니다. 하나님은 두 가지 방법으로 사람들이 하나님을 알게 하셨는데 그 중 하나는 자연과 자연의 법칙에 깃들인 능력과 신성으로 하나님을 알게 하셨고(일반 계시), 또 성경을 통해 하나님의 존재와 세상과 인간을 지으신 목적을 우리에게 알리시고 구원의 길을 열어 놓으셨습니다(특별 계시).

첫째, 이단은 성경에 대해 정통교회와 다르게 가르칩니다

신천지를 비롯한 이단에서는 "모든 성경은 하나님의 감동으로 된 것으로"(딤후 3:16)라는 말씀에서 '성경은 구약은 히브리어, 신약은 헬라어로 되어 있지만 한국 사람에게는 한글 성경이 중요하다'고 우깁니다.

성경의 원문은 히브리어와 헬라어로 쓰여졌지만 로마 시대에는 라틴어로 번역되었고, 이후 전 세계의 언어로 번역되면서 선교사들에 의해 영어→ 중국어→한글 성경으로 번역이 되어서 한국 땅에도 들어왔습니다. 처음 성경이 들어올 때는 한문도 섞여 있었는데 시대가 변화함으로 성경 번역도 개역을 요구하게 되어 지금의 『개역 개정판』까지 이르렀습니다.

예를 들어 『개역 한글판』의 "앉은뱅이"는 『개역 개정판』에서는 "못 걷는 자"로, "소경"은 "못 보는 자"로, "병신"은 "몸 불편한 자" 등으로 시대에 맞게 개정되었습니다. 원어를 직역으로 한 성경역본에는 "감람산"은 "올리브산"으로, "감람유"는 "올리브기름"으로 되어 있습니다. 이단들은 자신들이

『개역 한글판』 성경을 바탕으로 왜곡하여 만들어 놓은 자신들의 교리가 무너질까봐 두려워 아직도 『개역 한글판』 성경을 고집하고 있습니다. 『개역 한글판』만을 고집하는 한국 이단들은 하나님은 한 분이라서 '하나님'이라고 합니다. 영어 성경에는 하나님은 'God'이라고 되어 있습니다. 중국어로는 천부(天父)입니다. 하지만 한문이나 한글에 매몰되어 풀이를 거꾸로 해가는 것은 어리석은 성경해석 방법일 수 있습니다.

예를 들어 성경의 "보혜사"(요 14:16)는 '돕는자', '변호자'라는 뜻입니다. 원어인 '파라클레토스'가 한문으로 "보혜사(保惠師)"로 표음 번역이 되었는데 이것을 문자적인 한문풀이를 하여 '은혜로 보호하는 스승'이라고 하는 것은 어리석은 일입니다(신천지에서는 보혜사는 교주를 지칭합니다). 또한 이단들은 성경의 "동방"이 '한국'이라고 하면서 한국에 재림 예수가 온다고 하고 그 재림 예수가 자신들이 섬기고 있는 교주라고 주장합니다.

둘째, 이단에서는 성경이 비유로 봉함되어 있다고 합니다

"내가 입을 열어 비유를 말하여 예로부터 감추어 졌던 것을 드러내려 하니"(시 28:2)의 말씀처럼 성경은 예로부터 감추어져 왔다고 합니다. 이것은 문맥을 잘못 이해하도록 유인하여 시편기자의 기록 의도를 왜곡하고 비유로 감추어져 있으니 '교주인 내가 풀어주겠다'라는 의도인 것입니다. 시편 78편의 기록 의도는 전부터 감추어졌던 것을 하나님의 사역을 비유로 예를 들어 표현하며 드러내려 한다는 것이 정확한 해석입니다. 3절에서는 "이는 우리가 들어서 아는 바요 우리의 조상들이 우리에게 전한 바라"고 하고 있습니다. 이스라엘 백성들은 이미 대대로 전해오는 아는 이야기라는 것입니다. 이것을 비유를 베풀어서 더 확실히 드러내며 하나님을 찬송 하겠다라는 것이 시편기자의 의도입니다. 예를 들면 사랑하는 마음을 더 정확히 드러내고 전하겠다는 시(詩)처럼 말입니다.

또한 "예수께서 이 모든 것을 무리에게 비유로 말씀하시고 비유가 아니면 아무것도 말씀하지 아니하셨으니 … 창세로 감추인 것을 드러내리라 함을 이루려 하심이라"(마 13:34)는 말씀을 들어 예수님도 천국비밀을 말씀하실 때는 비유가 아니면 말씀하지 않으셨다고 했습니다. 마태복음 13장 1절의 말씀부터 읽어보면 "그날"이라는 특정한 어느 날을 말씀하고 있습니다. 예수님은 비유가 아니더라도 마태복음 5장의 산상수훈으로부터 공생애 3년 동안 자신의 백성들에게 천국 복음을 전하시고 승천하실 때도 성령으로 권능을 받아 하나님의 나라의 증인이 되기를 부탁하셨습니다. 병행 구절인 마가복음을 보면 "또 이르시되 우리가 하나님의 나라를 어떻게 비교하며 또 무슨 비유로 나타낼까"(막 4:30)라고 기록되어 있습니다. 비유로 '어떻게 봉함할까'가 아니라 "나타낼까"라고 고민하고 계십니다. '성경이 봉함되어 있다'라고 시작하는 것은 이단 집단에서 자신들이 성경을 비유로 푸는 공식을 가르쳐 자신들이 신봉하는 교주를 재림 예수로 믿게 하고 인생파탄과 가정파탄으로 몰아가는 종교사기임을 잊지 말아야 합니다.

셋째, 이단에서는 신의 뜻은 진리의 성령이나 신의 계시를 받은 사람만이 알 수 있다고 합니다

이단에서는 "아들과 또 아들의 소원대로 계시를 받은 자 외에는 아버지가 누구인지 아는 자가 없나이다"(눅 10:22)의 말씀을 가지고 교주 등 특정한 한 사람에게만 계시가 임하므로 그들의 말을 들어야 한다고 합니다. 성경은 하나님이 모든 사람이 구원을 얻기 바라며, 하나님의 존재와 사역 그리고 하나님 나라의 백성들이 어떻게 살아야 하는지 세세히 기록한 '특별 계시'입니다. 그러나 기원전 1500년 전부터 쓰여진 고어를 해석하여 설교하는 것은 전문적인 영역에 속하기 때문에 목사님들은 신학교 4년, 신학대학원 3년, 그리고 전도사 3년의 과정을 거쳐야 목사안수의 자격을 받습니다. 육체를 다루는 의사들도 자격을 얻는 것이 어려운 것처럼, 목회자의 자격도 영혼을 다루는 문제이기 때문에 어려운 과정들을 거쳐야 합니다. 성경에 관한 것은 되도록 담임 목사님과 의논하시고 최근 인터넷상에 떠도는 이단들이 성경을 풀어놓은 것이 많으니 특히 주의하시기 바랍니다.

함께 나누기

1. 하나님은 어떤 방법으로 자신을 우리에게 계시하여 주십니까?

2. 성경에서 비유는 어떤 이유로 쓰였나요?

3. 그동안 이단단체들에 대한 경험이 있었다면 어느 이단들이었고 어떤 방법으로 접근해 왔었나요?

한 주간의 기도 제목

나

가정

교회

/제41과/
이단대처 교리공부: 하나님

성경: 요한복음 4:24 / 찬송: 79장

"하나님은 영이시니 예배하는 자가 영과 진리로 예배할지니라"

이단은 하나님을 믿는다고 하면서도 그분의 존재에 대해 왜곡하고 하나님의 존재와 능력을 축소하여 삼위일체 하나님을 부인하고 그 자리를 이단교주가 대신하게 하고 있습니다.

첫째, 이단은 하나님과 사탄의 세계가 있다고 주장합니다

이단에서는 성경에 영계와 육계가 있어 세상에는 하나님과 사탄이 각각 소속된 목자와 교단이 있다고 가르칩니다. 성령의 세계는 하나님이 다스리고 악령의 세계는 사탄이 다스린다는 주장입니다. 그러나 성경에는 사탄도 하나님의 주권 하에 종속되어 있다고 기록되어 있습니다. "하루는 하나님의 아들들이 와서 여호와 앞에 섰고 사탄도 그들 가운데에 온지라"(욥 1:6)에서 사탄은 하나님의 회의에 참여하고 있습니다. 이단은 세상과 사람을 이분법으로 갈라놓고 대적하게 합니다.

또한 이단은 비유풀이를 바탕으로 '뱀이 어떻게 말을 하느냐'면서 하나님은 선하신 하나님인데 '선악과 하나' 따먹은 것으로 인류에게 사망선고를 내리겠느냐 '이것은 비유다'라고 말합니다.

신천지에서는 하와가 '비유한 뱀'의 말을 듣고 선악과를 따먹었는데 '뱀은 거짓 목자요, 선악과는 비진리'라고 가르칩니다. 한편에서는 '비유한 뱀'은 '천사 루시퍼와 하와가 성적으로 불륜을 저지른 사건'이라고 합니다. 뱀과 하와가 불륜을 한 후 하와가 아담과 동침하여 인류 전체의 피가 더러워져서 자신들의 구원자의 깨끗한 피를 받아야 깨끗해질 수 있다는 피가름 교리를 주장합니다. 이들은 구원자의 피를 받기 위해 '피가름'이라는 이름하에 육체관계를 맺습니다. 이 영향을 받은 사람들이 한국교회 이단사에 굵직한 족적을 남긴 문선명, 박태선입니다. 또한 일본은 하와(해와)의 나라라고 하며 일본은 헌금을 많이 내고 속죄하여 아담의 나라인 한국을 잘 섬겨야 한다고 합니다. 근래에 통일교 신도의 아들에 의한 아베 총리 피격사건은 이단 종교로 인한 가족 피해의 심각성을 말해줍니다.

성경에 기록된 선악과의 사건은 성경 그대로 뱀을 통해 아담과 하와가 불순종의 죄를 지은 사건입니다. 타락 이전의 에덴동산은 동물들과의 소통 관계도 지금과는 다른 모습이었을 것입니다. 하나님께서는 하나님 나라의 통치권을 아담에게 주고 '정복하고 다스리라'고 하시면서 하나님의 주권을 상징하는 하나의 법인 '선악과를 먹지 말라'는 법을 주셨습니다. 그러나 아담과 하와는 이 법을 가벼이 여기고 불순종하였고, 하나님의 주권에 도전하여 하나님 나라의 대리 통치권과 그 나라를 상실하게 된 인류 타락의 사건이 벌어지고 말았습니다.

둘째, 이단에서는 영은 '반드시' 육을 들어 쓴다고 주장합니다

어떤 이단은 "하나님은 영이시니"(요 4:24)라는 말씀에서 '하나님은 영이셔서 혼자 역사하지 않으시고 반드시 육을 들어 역사하신다'라고 주장하고 있습니다. 영이시기 때문에 혼자서는 아무 일도 할 수 없으시고 꼭 누군가 택하셔서 그 속에 들어가 일을 하신다고 주장하는 것입니다.

비유풀이를 바탕으로 "애굽에 관한 경고라 보라 여호와께서 빠른 구름을 타고 애굽에 임하시리니"(사 12:1)의 말씀을 인용하면서 '하나님이 구름을 타고 오신다니 손오공이냐'라며 구름을 타고 오신다는 것은 영으로 임재 하시는 것을 비유한 것이라는 주장입니다.

결국 시대별로 하나님의 영이 아담 때에는 아담을 택하시고, 노아 때에는 노아를 택하시고, 모세 때에는 모세를 택하시고, 예수님 때에는 예수님을 택하여서 목자로 삼으셨다는 것입니다. 그를 통하여 하나님의 역사를 이루어 나간다는 주장입니다. 그리고 이 시대에는 약속하신 목자를 택하셔서 이 시대에 보낸다는 것입니다. '약속의 목자'는 이만희 교주의 또 다른 별칭이기도 합니다.

성경 말씀대로 하나님은 영이시고, 하나님께서는 자녀 된 우리가 하나님과 소통하고 하나님 나라의 백성으로 살아가시기를 원하십니다. 그러나 하나님은 영이시기에 혼자서는 아무것도 할 수 없어 '반드시' 육을 들어 사용하는 것이 아닙니다.

창세기 1장에서 영이신 하나님은 인간을 만드시기 전, 천지창조라는 거대한 사역을 이루셨습니다. 또한 출애굽 때에 홍해를 갈라 이스라엘 백성을 불과 구름으로 인도하셨고, 인간에게 직접 말씀도 하시고 홍수를 내리시기도 하셨습니다. 또한 신약에 와서는 성령 하나님이 직접 응답도 하시고 한 사람(목자)이 아니라 오순절 다락방에 있는 다수에게 임하기도 하였습니다. 인간은 누구든지 예수를 믿으면 구원받아 하나님의 구원에 역사에 쓰임 받을 기회와 영광을 누릴 뿐이고 주관자는 하나님 한 분이십니다.

셋째, 이단에서는 하나님이 택하신 목자가 있는 곳에 가야만 구원을 얻을 수 있다고 합니다

이단에서는 하나님의 영이 택한 목자가 있는 조직에 들어가야만 구원을 얻는다고 합니다. 신천지, 하나님의 교회, JMS(정명석) 등 자신들의 교회와 단체에만 구원이 있다는 주장은 이단의 특징입니다. 예수님은 "그리스도가 광야에 있다 하여도 나가지 말고 보라 골방에 있다 하여도 믿지 말라"(마 24:26)고 하셨습니다.

하나님은 십자가를 통한 구원의 길을 활짝 열어 놓으시고 사도들을 통하여 교회를 세우시고 누구든지 십자가의 능력을 믿기만 하면 구원을 얻는다고 하셨습니다. 어느 특정 집단에 들어가야 구원을 얻는 것이 아닙니다. 사도들이 전한 복음의 공동체인 '교회'라는 공동체를 통하여 모이기를 힘쓰고, 복음을 전하고 가르치며, 서로 뜨겁게 사랑하면서 예수 그리스도의 증인된 삶을 살아야 합니다.

함께 나누기

1. 하나님의 전능하심에 대해서 아는 대로 나누어 볼까요?

2. 하나님은 영이시니 '반드시' 육을 들어 쓰실까요?

3. 하나님의 영이 임한다는 것은 어떤 의미일까요?

한 주간의 기도 제목

나

가정

교회

/제42과/
이단대처 교리공부: 예수님

성경: 요한복음 1:1 / 찬송: 79장

"태초에 말씀이 계시니라 이 말씀이 하나님과 함께 계셨으니 이 말씀은 곧 하나님이시라"

첫째, 이단은 예수님이 우리와 같은 사람인데 하나님의 영이 임했다고 주장합니다

이단에서는 하나님은 영이시니 반드시 '육을 들어 역사하신다'고 합니다. 시대마다 목자를 택하셔서 하나님의 영이 임하고 그 목자의 말을 들어야 구원을 받는다고 주장합니다. 게다가 예수님도 아담, 노아, 모세와 같이 하나님의 영이 임한 목자 중에 '한 사람'이라고 주장합니다. 예수님 시대에는 예수님의 말을 들어야 하고 지금 이 시대에는 '약속하신 목자'의 말씀을 들어야 한다고 주장합니다.

사도 요한은 예수님을 증거하기 위해 요한복음을 기록하였습니다. 예수님이 승천하시고 난 후 '사도들이 전한 예수' 외에 여러 가지 이단들의 주장이 난무하자 요한은 예수님의 존재에 대해 확실한 기록을 해야 할 필요성을 느끼게 되었습니다.

요한이 살던 시대는 철학자들이 태초의 근본 원리를 여러 가지로 정의하며 '세상의 근본원리는 물이다','세상의 근본은 흙이다', '세상의 근본은 분자다'라는 등의 여러 가지 주장을 하였습니다.

사도 요한은 예수님의 존재를 알리기 위해 위와 같은 접근방식을 통해 예수님의 존재를 "태초에 말씀이 계시니라 이 말씀이 하나님과 함께 계셨으니"(요 1:1)의 "말씀(로고스)"을 전하고 있습니다. 또한 천지창조는 말씀이신 예수님과 함께하셨다고 기록하고 있습니다. "그가 태초에 하나님과 함께 계셨고 만물이 그로 말미암아 지은 바 되었으니 지은 것이 하나도 그가 없이는 된 것이 없느니라"(요 1:2-3). 그 말씀이신 하나님이 인간의 몸을 입고 이 땅에 오셨습니다. 그분이 예수님입니다. "말씀이 육신이 되어 우리 가운데 거하시매"(요 1:14).

이렇게 태초부터 예수님은 하나님의 품속에 계셨다고 증거하고 있습니다. "본래 하나님을 본 사람이 없으되 아버지 품속에 있는 독생하신 하나님이 나타내셨느니라"(요 1:18).

사도 바울은 예수님은 "하나님의 본체"라고 증거하고 있으며 사도 요한의 증거와 일치하고 있습니다. "그는 근본 하나님의 본체시나 하나님과 동등됨을 취할 것으로 여기지 아니하시고"(빌 2:6).

성경에서는 예수님을 하나님으로 계셨다가 인간으로 오셔서 죽기까지 복종하시고 다시 부활하셔서 하늘에 오르신 성자 하나님으로 증거하고 있습니다. 하나님의 아들은 하나님이고 사람의 아들은 사람인 것입니다. 사람의 아들인 교주는 하나님도 재림 예수도 될 수 없습니다.

둘째, 이단에서는 그 시대에 예수님을 믿지 않고 못 박아 죽임으로 하나님 나라를 이루는 데 실패했다고 합니다

이단에서는 초림 시대의 사람 중에 12제자 외에는 예수님을 믿지 않고 예수님을 십자가에 못 박아서 죽임으로 하나님 나라를 이루는 데 실패했다고 주장합니다. 그래서 이 시대에 하나님 나라를 이루어야 하는데 하나님의 영이 임한 '약속의 목자'를 꼭 믿어야 하고 그 조직에 들어가야만 하나님의 나라에 들어가는 것이라고 주장합니다.

세례 요한은 예수님의 오심을 보고 '천국이 가까이 왔으니 회개하라'고 선포하였고, 예수님은 구약의 예언대로 메시아로 이 땅에 내려오셨습니다. 그러나 예수님은 이스라엘만의 왕이 아니라 모든 인류를 구원하시기 원하시고, 먼저 치루어야 할 죄의 값을 치루시기 위해 십자가에 죽기까지 복종하셨고, 그로 인해 "다 이루었다(헬라어: 테텔레스타이, 다 치루었다)"고 말씀하시고 죽으셨습니다. 우리의 죄값을 다 치루셨다는 것입니다. 이제 인류는 그것을 믿기만 하면 누구든지 천국으로 침노해 들어가는 것입니다. "세례요한의 때부터 지금까지 천국은 침노를 당하나니 침노하는 자는 빼앗느니라"(마 11:12)라고 성경은 말씀하고 있습니다.

예수님은 부활의 첫 열매가 되셔서 죽음을 이기시고 천국과 영생의 문을 열어놓으셨습니다.

셋째, 이단에서는 하나님의 영이 임한 누군가가 이 땅의 재림 예수이며, 예수님은 새 이름으로 오신다고 주장합니다

"이방 나라들이 네 공의를, 뭇 왕이다 네 영광을 볼 것이요 너는 여호와의 입으로 정하실 새 이름으로 일컬음이 될 것이며"(사 62:2)라는 말씀을 인용하여 여호와의 새 이름이 '예수'인 것처럼, 다시 오실 예수님의 이름이 예수가 아니라 '다른 새 이름'이라고 합니다. 이것은 끼워맞추기 식의 해석인 것입니다.

"다른 이로써는 구원을 받을 수 없나니 천하 사람 중에 구원을 받을 만한 다른 이름을 우리에게 주신 일이 없음이라 하였더라"(행 4:12)고 성경은 분명하게 말씀하고 계십니다. 죄인인 사람은 사람을 구원할 수 없습니다.

예수님은 믿는 자의 구원을 이루시고 승천하신 그대로 다시 오신다고 성경은 말씀합니다. 비유풀이와 사기 교리로 예수님의 자리에 교주 자신을 끼워넣는 이단의 종교 사기에 우리 자녀들을 조심시켜야 합니다.

함께 나누기

1. 예수님은 본래 하나님인가요? 인간이신가요?

2. 예수님이 십자가에 달리시지 않았다면 구원이 있을까요?

3. 성경이 말씀하고 있는 예수님을 나는 어떻게 증거할 수 있는지 간단히 나누어 보겠습니다.

한 주간의 기도 제목

나

가정

교회

/제43과/
이단대처 교리공부: 성령님

성경: 사도행전 1:8 / 찬송: 182장

"오직 성령이 너희에게 임하시면 너희가 권능을 받고 예루살렘과 온 유대와 사마리아와 땅 끝까지 이르러 내 증인이 되리라"

첫째, 이단은 하나님을 포함하여 천사들의 영적 세계를 성령이라고 합니다

이단에서는 '하나님은 영이시니 반드시 육을 들어 역사하신다'고 합니다. 천사를 포함한 영의 세계를 '성령'이라고 하고 육의 세계에 영이 임하여 '성령이 임한 사람'이 하나님의 역사를 이루어 간다고 합니다. 사탄도 육의 세계에 임하여 '악령이 임한 사람'이 하나님의 일을 방해한다고 합니다.

그러나 기독교의 정통교리에서는 성령은 집단을 가리키는 것이 아니라 성령 하나님이십니다. 성경의 원어에서 보면 성령은 '프뉴마'로 영을 의미하고, 천사는 '앙겔로스'라는 다른 존재입니다. 원어 성경에서도 이 '프뉴마'는 고유명사인 대문자로 쓰여 있으며 단 하나의 존재를 의미합니다. '앙겔로스'는 일반명사이며 복수형도 쓰입니다. 고린도전서 12장 9절에서는 여러 가지 은사가 한 성령으로부터 나온다고 기록하고 있습니다.

"다른 사람에게는 같은 성령으로 믿음을, 어떤 사람에게는 한 성령으로 병 고치는 은사를" 또한 "몸이 하나요 성령도 한 분이시니 이와 같이 너희가 부르심의 한 소망 안에서 부르심을 받았느니라"(엡 4:4)에서 "성령"은 "한 분"이시라고 말하고 있습니다. 성경에서 천사는 존칭으로 쓰여진 부분이 없지만, 성령님은 하나님이시기에 존재를 나타낼 때 존칭으로 쓰여진 부분이 많습니다.

둘째, 이단에서는 하나님의 영이 임한 교주가 '육의 보혜사' 라고 주장합니다

이단에서는 영은 '반드시' 육을 들어 쓴다는 교리에 힘입어 신도들을 미혹하여 타국에 신도들을 이주시키고 집단 생활과 강제노동 그리고 가족과 신도들을 폭행함으로 사망에까지 이르게 하는 일도 있습니다. 이로인해 징역형을 살고 있는 교주 신옥주도 자신을 '육의 보혜사'라고 합니다. 신천지에서는 이만희 교주가 '육의 보혜사'입니다.

"보혜사"라는 말은 원어로 '파라클레토스'라는 말입니다. 이 말의 뜻은 돕는 자, 상담자이고 법정 용어로는 '변호사'라는 뜻입니다. 이것을 중국어로 발음이 비슷한 보혜사(保惠師)라고 번역을 한 것입니다. 그런데 이단에서는 한문을 재해석하여 "보혜사"가 '은혜로 보호하는 스승'이라고 하며 자신들의 교주가 '이 시대에 믿고 따라야 하는 스승'이라는 것입니다. 참으로 어리석은 해석이 아닐 수 없습니다.

요한일서에서는 같은 단어를 "대언자"로 번역을 합니다. "…만일 누가 죄를 범하여도 아버지 앞에서 우리에게 대언자가 있으니 곧 의로우신 예수 그리스도시라"(요일 2:1)에서 이 "대언자"도 헬라어로 '파라클레토스'입니다. 이단에서는 하나님의 말씀을 대언하는 대언자로 해석하여 자신들의 교주를 '대언자'라고 주장합니다.

그러나 이 문장을 자세히 보면 우리를 대언하시는 "대언자"를 말하고 있습니다. 바로 예수님이 아버지 앞에서 우리를 변호하시고 계신다는 의미입니다. 이렇게 이단은 한글 성경의 문맥도 제대로 알지 못하면서 사람들을 미혹하는 데 성경을 이용하고 있습니다. 한글 성경의 왜곡된 해석으로 우리나라에만 200만의 사람들이 이단에 빠져 있습니다.

셋째, 이단에서는 보혜사가 와서 예수님이 비유로 하신 말씀을 풀어주신다고 주장합니다.

"이것을 비유로 너희에게 일렀거니와 때가 이르면 다시는 비유로 너희에게 이르지 않고 아버지에 대한 것을 밝히 이르리라"(요 16:25)라는 말씀을 들어 '영의 보혜사'가 임한 '육의 보혜사'가 예수님의 비유와 계시록의 상징들을 풀어줄 것이라고 합니다.

그러나 위의 말씀은 "여자가 해산하게 되면 그때가 이르렀으므로 근심하나 아기를 낳으면 세상에 사람 난 기쁨으로 말미암아 그 고통을 다시 기억하지 아니하느니라"(요 16:21)라는 말씀을 하신 후, 설명을 하시는 장면입니다. 예수님의 십자가 수난을 해산의 고통에 비유하시면서 예수님의 죽음을 슬퍼하고 낙망할 제자들에게 비유를 들어 위로하고 권면하고 계시는 것입니다.

그리고 "내가 아버지에게서 나와 세상에 왔고 다시 세상을 떠나 아버지께로 가노라 하시니"(요 16:28)에서는 비유가 없이 아버지께서 가실 것을 직접 말씀하십니다.

제자들의 믿음을 다시 확인하시는 장면이 "예수께서 대답하시되 이제는 너희가 믿느냐"(요 16:31)에 나옵니다.

예수님과 3년 동안 동고동락했던 제자들은 예수님이 십자가에 달리시고 떠난다고 하자 두려움에 떨고, 많은 사람들이 예수님을 떠나갔습니다. 그런 제자들을 보시고 예수님은 '나(보혜사)' 말고 "다른 보혜사"를 보내주시는데 그분이 바로 성령님이시라고 말씀하고 있습니다.

그동안은 내(예수님)가 너희(제자들)를 돕고 함께했지만 앞으로 너희를 도울 자(성령님)를 보내주시겠다고 약속하고 계십니다.

"내가 아버지께 구하겠으니 그가 또 다른 보혜사를 너희에게 주사 영원토록 너희와 함께 있게 하리니"(요 14:16)라고 약속하셨고, 그 보혜사는 "… 곧 아버지께로부터 나오시는 진리의 성령이 오실 때에 그가 나를 증언하실 것이요"(요 15:26)라고 말씀하셨습니다. 예수님도 아버지 품속에 계셨고, 성령님도 하나님으로부터 나오신 삼위일체 하나님이십니다.

함께 나누기

1. 성령님은 하나님이신가요? 천사들의 거룩한 영인가요?

2. 성령님이 오셔서 하시는 일은 무엇인가요?

3. 나는 성령을 받았습니까? 그렇다면 받은 증거는 무엇입니까?

한 주간의 기도 제목

나

가정

교회

11월

/제44과/
은혜 받은 자여

성경: 고린도전서 15:9-10 / 찬송: 278장, 597장

"나는 사도 중에 가장 작은 자라 나는 하나님의 교회를 박해하였으므로 사도라 칭함 받기를 감당하지 못할 자니라 그러나 내가 나 된 것은 하나님의 은혜로 된 것이니 내게 주신 그의 은혜가 헛되지 아니하여 내가 모든 사도보다 더 많이 수고하였으나 내가 한 것이 아니요 오직 나와 함께하신 하나님의 은혜로라"

우리 인생은 하나님의 은혜가 아니면 살 수 없습니다. 하나님의 진노와 심판이 기다리는 멸망의 자식인 우리를 죄악에서 건져 내시고 구원의 선물을 값없이 주셨습니다. 오직 예수님의 십자가의 구속의 은혜인 것입니다. 하나님께서 내게 베풀어 주신 은혜를 깊이 생각하며 성령의 감동과 은혜가 있기를 바랍니다. 하나님의 그 크신 은혜를 마음에 새기며 겸손히 간직하고 잊지 않는 우리들이 되어야 하겠습니다. 오늘 말씀을 통하여 나 자신을 돌아보며 나는 진정 은혜 받은 사람인가? 은혜 받은 자로 살고 있는가? 내 안에 하나님의 은혜가 작동되고 있는지, 깊이 느껴보고 그렇지 않다면 치유와 회복이 있기를 바랍니다. 은혜를 갈망하는 순수함과 애통함으로 하나님을 향해 고백합시다.

첫째, 죄인 중의 괴수인 '나' 입니다

우리는 내가 얼마나 큰 죄인인가를 인식하지 못하고 삽니다. 그래도 나는 죄인이긴 하나 그렇게까지 형편없는 죄인이 아니라고 생각합니다. 사도 바울은 바리새인 중의 바리새인이요 율법으로는 흠이 없는 사람이었으나 주님을 만나고 난 후, 그는 '나는 비방자요 박해자이며 폭행자'라고 고백합니다.

"미쁘다 모든 사람이 받을 만한 이 말이여 그리스도 예수께서 죄인을 구원하시

려고 세상에 임하셨다 하였도다 죄인 중에 내가 괴수니라" (딤전 1:15)

내가 하나님 앞에서 얼마나 큰 죄인인가를 바로 알 때 하나님이 내게 베푸신 은혜의 깊이를 알게 되고 겸손한 마음을 갖게 됩니다. 나 같은 죄인을 구원하시려고 하나님의 아들 예수 그리스도께서 십자가에 달려 죽으셨다는 사실 앞에 바울은 몸둘 바를 몰랐습니다. 나는 주님의 사랑 앞에 어떤 마음을 갖고 있으며 어떤 고백을 할 수 있을까요? '주님, 저를 긍휼히 여기소서' 라고 간구하십시오.

둘째, 은혜가 은혜 되면 바울이 됩니다

은혜의 감격은 우리로 더 주님을 뜨겁게 사랑하게 하며 변화와 열정을 뿜어냅니다. 죄인 중에 죄인을 불러주신 하나님의 은혜가 너무 커서 바울은 하나님이 주신 복음의 사명을 생명보다 귀히 여겼습니다. 이방인의 사도로 부르심 받고 하나님의 나라와 복음을 위해 일꾼이 된 것을 감당할 수 없는 은혜와 축복으로 여기며 어느 누구보다 더 많이 수고하고 더 많이 충성하였으나 이것조차도 '하나님의 은혜였습니다' 라고 고백합니다.

하나님의 은혜는 결코 헛되지 않습니다. 우리는 하나님의 은혜로 인해서 새로운 인생을 살게 되고 기쁨과 감사의 시간들을 보냅니다. 그렇다면 우리에게 주신 은혜가 헛되거나 결코 가벼운 것이 아니라는 사실을 드러내는 증거는 '나도 바울처럼 살고 있는가?' '은혜의 감격을 잊지 않고 주님이 내게 맡겨주신 사명을 최선을 다해 감당하는가?'에 있습니다.

하나님의 은혜는 우리를 자원함과 신실함으로 다루시며 인내와 성숙함으로 이끌어 가십니다. 우리의 남은 시간을 나는 보이지 않고 오로지 주님만 보이는 은혜의 성도로서, 일꾼으로서 하나님의 영광을 나타내는 바울과 같은 복음의 참된 일꾼으로 살아가는 성도가 되시기를 바랍니다.

셋째, 무엇으로 보답할까요?

은혜 받은 자는 그 은혜가 너무 감사하고 황송해서 어떻게 하면 그 은혜에 보답할 수 있을까? 생각합니다. 은혜는 생각할수록 귀해지고 커져갑니다. 성경에 수많은 인물들이 나오지만 모두가 은혜와 사랑을 입은 사람들입니다. 한결같이 하나님께서 주신 은혜를 가볍게 여기지 않았습니다. 어떻게 나에게 이런 은혜를 주셨는가? 내가 이런 은혜를 받을 만한 사람인가? 겸허하고 진실한 믿음으로 은혜를 붙들고 하나님의 말씀에 귀를 기울였습니다. 바울도 하나님의 은혜가 너무 커서 그의 남은 생애를 전부 드렸습니다. 생명조차 귀히 여기지 않고 헌신할 수 있었던 것은 하나님의 은혜에 조금이라도 보답하려고 기꺼이 드린 것입니다.

다윗은 한 시대에 하나님이 쓰신 위대한 사람입니다. 그는 미천한 자신에게 베푸신 하나님의 은혜에 감격하며 감사와 찬송으로 하나님께 영광을 돌렸습니다.

"내게 주신 모든 은혜를 내가 여호와께 무엇으로 보답할까"(시 116:12)

이것이 다윗의 마음이었습니다. 얼마나 아름답고 귀한 인생입니까? 은혜를 알고 감사하는 자만이 주님을 위해 아름다운 헌신과 참된 예배를 드릴 수 있으며 온전히 사명을 감당하게 될 것입니다. 당신은 하나님의 은혜를 받은 자입니까? 그렇다면 오늘 당신에게서 고백되는 내용이 무엇입니까? 은혜의 감격으로 주를 위해 살겠노라고 고백할 수 있습니까? 세상에서 가장 소중하고 존귀한 인생은 은혜를 알고 그 은혜를 감사하며 은혜에 부응하는 사람으로 사는 것입니다.

함께 나누기

1. 오늘 말씀 중에 가장 마음에 남는 말씀은 무엇입니까?

2. 은혜 받은 자의 삶의 태도는 무엇입니까?

3. 은혜 받은 자로 어떻게 사시겠습니까?

한 주간의 기도 제목

나

가정

교회

/제45과/
내가 감사해야 할 이유

성경: 시편 65:1-13 / 찬송: 337장, 365장

"기도를 들으시는 주여 모든 육체가 주께 나아오리이다 죄악이 나를 이겼사오니 우리의 허물을 주께서 사하시리이다 주께서 택하시고 가까이 오게 하사 주의 뜰에 살게 하신 사람은 복이 있나이다 우리가 주의 집 주의 성전의 아름다움으로 만족하리이다"(2-4절)

우리가 해마다 감사 절기를 맞이할 때마다 무엇을 감사해야 할까를 생각합니다. 하지만 생활이 바쁘고 마음이 분주하여 감사함은 쉽게 잊어버리고 맙니다. 우리 삶 가운데 감사를 기억하여 감사하며 산다면 이는 큰 은혜가 아닐 수 없습니다. 우리가 감사해야 할 것이 많지만 오늘 말씀을 통하여 내가 감사해야 할 이유를 생각해 봅시다.

첫째, 기도를 들으셨음을 감사해야 합니다

하나님께 감사해야 할 것 중 먼저는 우리의 기도를 들으셨다는 사실입니다. 우리의 기도를 들어 주시는 하나님이 계시기에 얼마나 감사합니까? 다윗은 그의 생애를 통해서 기도를 들으시는 하나님을 경험했습니다. 참으로 어려울 때, 핍박을 당할 때, 전쟁에 나갈 때, 모든 위험한 상황에 처할 때 간절히 기도했는데 그때마다 하나님께서 응답하셨습니다. 그래서 기도를 들으시는 하나님께 감사를 올려 드렸습니다.

"기도를 들으시는 주여 모든 육체가 주께 나아오리이다"(2절)
"그의 귀를 내게 기울이셨으므로 내가 평생에 기도하리로다"(시 116:2)

올해도 기도의 제목들을 놓고 기도합시다. 나의 기도를 들으시고 응답하시는 하나님께 기쁨으로 나아갑시다. 기도가 응답될 때 감사가 나오고 찬양이 저절로 흘러나옵니다. 기도하는 가정, 기도하는 백성은 절대로 잘못되는 일이 없습니다. 여러분 모두 믿음으로 기도하여 응답의 체험을 간증하며 날마다 감사가 넘치는 그리스도인으로 살아가시기를 바랍니다.

둘째, 주의 백성으로 예배할 수 있음을 감사해야 합니다

우리가 감사해야 할 두 번째 이유는 하나님께 예배하도록 택하시고 불러주신 것에 대한 감사입니다.

"주께서 택하시고 가까이 오게 하사 주의 뜰에 살게 하신 사람은 복이 있나이다 우리가 주의 집 곧 주의 성전의 아름다움으로 만족하리이다"(4절)

우리는 때로 너무 풍요롭고 모든 것이 자유로워서 그 귀함을 깨닫지 못하고 감사하지 않습니다. 건강을 잃으면 움직일 수 있음이 얼마나 감사한지 깨닫게 됩니다. 우리는 예배당의 풍요와 예배의 풍성함 속에 살고 있습니다. 모든 것이 넘치고 좋은 환경 속에 있기에 예배드릴 수 있는 것에 대한 귀함과 감격이 약하지 않나 생각됩니다. 예배드리고 싶어도 드릴 수 없고 말씀을 듣고 싶어도 들을 수 없는 사람들, 예배당도 없고 핍박과 고통과 불안 속에 있는 많은 사람들을 생각해 보아야 합니다. 우리는 언제든지 모일 수 있고 마음껏 예배할 수 있음에 감사해야 합니다.

그러므로 우리를 택하시고 하나님의 자녀로 삼으셔서 우리의 예배를 통해 영광을 받으시는 아버지 하나님께 한없는 감사와 찬송을 돌려야 합니다. 예배의 자리에 있음을 감사하시기 바랍니다.

셋째, 믿음의 눈으로 세상을 볼 수 있음을 감사해야 합니다

우리가 또한 감사해야 할 이유는 우리의 시각의 전환입니다. 이전에 알지 못했던 하나님의 역사하심과 이 모든 상황을 주관하시는 하나님의 인도하심이 이제는 하나님의 계획과 섭리 가운데 있음을 인식하는 것입니다. 모든 은혜와 축복이 나를 향한 하나님의 놀라운 계획 속에 있었음을 보게 됩니다. 예전에는 내가 잘된 것이 다 내 능력과 지혜인 줄 생각했는데 이제는 믿음의 눈이 떠져 모든 것이 하나님의 은혜라는 사실을 깨닫고 하나님 축복 속에 펼쳐지는 놀라운 일들이 그저 감사할 뿐임을 고백하는 것입니다. 나를 축복하시되 때를 따라 공급하시며 필요를 채우시는 하나님의 풍성한 은혜를 감사하며 사는 것입니다.

"땅을 돌보사 물을 대어 심히 윤택하게 하시며 하나님의 강에 물이 가득하게 하시고 이같이 땅을 예비하신 후에 그들에게 곡식을 주시나이다 주께서 밭고랑에 물을 넉넉히 대사 그 이랑을 평평하게 하시며 또 단비로 부드럽게 하시고 그 싹에 복 주시나이다"(9-10절)

우리가 은혜를 누리면서도 그것이 어디로부터 연유했는지를 알지 못하면 참 불쌍한 인생이 됩니다. 하나님의 백성은 하나님이 채우시고 인도하십니다. 들의 백합화와 공중의 새를 보라고 말씀하신 주님께서 그것들과 비교할 수 없이 존귀하고 복된 믿음의 자녀들을 돌보시고 인도하시는 것은 당연한 일입니다.

믿음의 눈이 열려 우리의 삶의 세밀한 부분까지 하나님의 손길과 은혜를 감사하며 영광을 돌리는 성도가 되시기를 주님의 이름으로 축복합니다.

함께 나누기

1. 오늘 말씀 중에 가장 마음에 남는 말씀은 무엇입니까?

2. 그 말씀이 마음에 남는 이유가 무엇입니까?

3. 오늘의 말씀을 통하여 실천해야 될 사항은 무엇입니까?

한 주간의 기도 제목

나

가정

교회

/제46과/
복의 열매로 축복하라

성경: 신명기 28:2-6 / 찬송: 594장, 593장

"네가 네 하나님 여호와의 말씀을 청종하면 이 모든 복이 네게 임하며 네게 이르리니 성읍에서도 복을 받고 들에서도 복을 받을 것이며 네 몸의 자녀와 네 토지의 소산과 짐승의 새끼와 소와 양의 새끼가 복을 받을 것이며 네 광주리와 떡 반죽 그릇이 복을 받을 것이며 네가 들어와도 복을 받고 나가도 복을 받을 것이니라"

우리 인생에겐 우연이나 행운이 아니라 모든 삶이 하나님의 계획과 인도, 응답하심과 축복 가운데 있습니다. 우리 모두는 하나님의 은혜 속에 복 받은 성도로서 사명을 다하며 나를 통해 영광을 받으시기 원하시는 하나님의 거룩한 열망을 이루어 드리는 축복의 상속자들이 되어야 합니다. 여러분의 일생에 하나님의 넘치는 축복의 열매로 많은 사람들에게 복을 전하는 증거자가 되시기를 바랍니다. 오늘 말씀을 통해 축복의 인생으로 살기 위해서 해야 할 일들을 살펴보며 은혜를 나누는 귀한 시간이 되시기 바랍니다.

첫째, 말씀을 듣고 지키는 자가 복을 받습니다

우리가 축복을 받기 위해서는 하나님께서 우리에게 주시는 메시지에 귀를 기울여야 합니다. 먼저는 하나님의 말씀을 주의해서 경청하는 자세가 중요합니다. 내 인생을 완전히 바꿔놓을 수 있는 축복의 말씀을 경히 여기는 잘못을 범해서는 안 될 것입니다. 우리가 영적으로 성숙하지 못하면 어린 아이처럼 말씀에 집중하지 못하고 산만할 수밖에 없습니다. 세상일에 마음을 뺏기고 허황된 것에 유혹되어 불행한 결과를 초래하게 되는 경우들을 보게 됩니다. 또한 교만함과 불신앙의 요소들이 말씀을 듣지 못하게 막을 수 있습니다.

"너희는 들을지어다 귀를 기울일지어다 교만하지 말지어다 여호와께서 말씀하셨음이라"(렘 13:15)

그러므로 지혜로운 사람은 무엇이 먼저이고 무엇이 가장 소중한 것인지를 분별합니다. 복받는 비결은 다른 것이 없습니다. 먼저 하나님의 말씀에 귀를 기울이고 그 말씀을 따르는 것입니다. 말씀을 순종하면 복으로 이어지기 때문입니다.

둘째, 열매를 맺기 위해서는 영적 관리가 필요합니다

나무는 뿌리로부터 영양분이 지속적으로 공급되어야 합니다. 이처럼 햇빛, 비, 온도와 습기, 병충해로부터 보호되고 관리되지 않으면 열매를 맺을 수 없습니다. 한번 심는 것으로 모든 것이 해결되지 않습니다.

"땅을 파서 돌을 제하고 극상품 포도나무를 심었도다 그 중에 망대를 세웠고 그 안에 술틀을 팠도다 좋은 포도 맺기를 바랐더니 들포도를 맺었도다"(사 5:2)

이스라엘은 하나님의 백성으로 존귀하게 심겨졌으나 영적으로 타락하여 극상품 포도는 고사하고 냄새나는 들포도를 맺고 말았습니다. 우리는 한번 은혜 받은 것으로 평생을 살 수 없습니다. 한번 잘 섬겼다고 그것이 평생의 축복을 보장하겠습니까? 아닙니다. 영적 관리가 필요합니다. 매일매일 말씀을 묵상하고 기도하며 나를 통해서 하시고자 하는 일을 실천해야 합니다. 복음을 전하는 일, 사랑으로 섬기며 봉사하며 공동체의 삶을 통해서 함께 나누며 교제하며 성장해 나가야 합니다. 영적인 은혜의 공급이 없이는 성장할 수 없고 영적 관리가 없이는 열매를 맺을 수 없음을 기억해야 합니다.

셋째, 축복을 받아 축복합시다

축복은 구약적 개념과 신약적 개념이 좀 다르지만 하나님께서 택한 백성들에게 복을 주시기 원하시며 이 약속의 말씀은 변하지 않는다는 사실입니다. 구약에서 축복이란 말은 '무릎을 꿇다'라는 뜻에서 기원했습니다. 복의 근원이신 하나님 앞에 겸손히 그분을 높이는 송축의 의미로 표현되었으며 달리 표현한다면 주님을 높이는 예배적 차원으로 생각할 수 있습니다. 신약의 축복의 의미는 '좋은 것을 말하다'라는 뜻으로 그 사람의 삶을 축복하는 선포이기도 합니다. 예배를 통해서 축복을 주시는 하나님의 말씀을 순종할 때 축복이 임하고 그 축복을 받은 자는 다른 사람에게 그 축복을 선포하는 것입니다. 구원 받은 자가 구원을 선포하는 것, 축복을 받은 자가 그 축복의 메시지를 선포하는 것입니다.

우리에게 가장 큰 축복은 무엇입니까? 복음을 통해서 구원받아 하나님의 자녀가 된 것입니다. 구원의 기쁜 소식을 선포하는 기쁨의 전달자가 되십시오.

"내가 주의 공의를 내 심중에 숨기지 아니하고 주의 성실과 구원을 선포하였으며 내가 주의 인자와 진리를 많은 회중 가운데에서 감추지 아니하였나이다"(시 40:10)

여호와를 경외하며 그의 길을 걷는 자마다 복이 있고 네 손이 수고한 대로 먹을 것이며 네가 복되고 형통하리라고 말씀하셨습니다. 우리 모두 종려나무같이 번성하는 축복의 성도가 되시기 바랍니다 그리고 마음껏 많은 사람을 축복하는 선포자가 되십시오.

함께 나누기

1. 오늘 말씀 중에 가장 마음에 남는 말씀은 무엇입니까?

2. 그 말씀이 마음에 남는 이유가 무엇입니까?

3. 오늘의 말씀을 통하여 실천해야 될 사항은 무엇입니까?

한 주간의 기도 제목

나

가정

교회

/제47과/

아홉은 어디에

성경: 누가복음 17:11-19 / 찬송: 295장, 321장

"그 중의 한 사람이 자기가 나은 것을 보고 큰 소리로 하나님께 영광을 돌리며 돌아와 예수의 발 아래 엎드리어 감사하니 그는 사마리아 사람이라 예수께서 대답하여 이르시되 열 사람이 다 깨끗함을 받지 아니하였느냐 그 아홉은 어디 있느냐"(15-17절)

감사는 훈련입니다. 사람은 나약하기도 하지만 한없이 교만하기도 합니다. 그래서 감사를 훈련하고 배우지 않으면 안 됩니다. 고마움을 모르는 사람에겐 우리의 마음도 더 이상 가지 않습니다. 감사가 성도들에게 중요한 것은 감사는 모든 축복을 이끌어 내며 우리의 삶을 풍성하게 만들기 때문입니다.

오늘 말씀을 보면 열 명의 나병환자가 나오는데 이들은 건강이라고 하는 큰 문제로 인해 고통을 받고 있는 사람들입니다. 당시 이 병은 부정한 병으로 사람들과 격리되었기에 버림받아 외롭고 정신적 소외감속에서 절망하며 죽어가는 참으로 몹쓸 병이었습니다. 이런 사람들에게 병을 고침 받을 수 있다는 소식은 세상에서 가장 기쁜 소식이었을 것입니다. 이들의 유일한 희망이요 만병의 의사가 되신 예수님을 향해 외친 나병환자들에게 놀라운 일이 일어났습니다.

첫째, 우리를 긍휼히 여기소서

나병은 불치병이기에 육체적 고통과 정신적 고통을 함께 겪었습니다. 냉혹한 사회로부터 버림받은 그들에게 죽은 자를 살리며 모든 병을 고치신다는 예수님의 소식은 어둠 속의 빛줄기 같은 희망이었습니다.

이들은 지나가는 예수님을 향해 절박하게 외쳤습니다. "예수 선생님이여 우리를 긍휼히 여기소서." 자신의 병을 고쳐 달라는 절규가, 이 간절한 부르짖음이 주님의 발걸음을 멈추게 했습니다. 그렇습니다. 어떤 문제든, 어떤 아픔이든 주님께 나아와 부르짖을 때 우리 주님은 응답해 주십니다. 우리의 소원은 주님을 만날 때 해결됩니다. 우리의 삶 속의 많은 어려운 문제들을 가지고 주님께 나와 기도할 때 능력의 주님이 반드시 응답하시고 해결해 주십니다.

"너는 내게 부르짖으라 내가 네게 응답하겠고 네가 알지 못하는 크고 비밀한 일을 네게 보이리라"(렘 33:3)

둘째, 주님께 감사해야 합니다

부르짖는 열 명의 나병환자가 다 고침을 받았습니다. 놀라운 기적을 체험하게 된 것입니다. 그런데 이 엄청난 경험을 한 사람들 중 오직 한 사람만이 큰 소리로 하나님께 영광을 돌리며 주님께 돌아와서 감사했습니다. 이 상황을 여러분은 어떻게 보십니까?

고침받기 전에 그렇게 절박하게 부르짖었던 사람들인데 고침을 받고 나서는 언제 그랬냐는 듯이 자기 갈 길로 가버렸던 것입니다. 우리도 이 아홉 명을 비난할 것입니다. 하지만 말씀을 살펴보면 주님께서 사라진 아홉을 찾으시지만 관심은 돌아온 한 영혼에게 있음을 볼 수 있습니다. 감사하는 한 사람의 상처 난 영혼까지 치유해 주시는 은혜를 보게 됩니다.

우리는 이 말씀이 주는 은혜를 우리의 삶에 조용히 적용해 봅시다. 우리가 얼마나 많은 은혜를 받았습니까? 얼마나 많은 기도의 응답을 받았습니까? 그러나 그 뒤가 문제였습니다. '응답만 해 주시면 뭐든지 하겠습니다'라고 했지만 그 소원이 이루어지고 나면 은혜를 잊어버리고 언제 그랬냐는 듯이 제 갈 길로 갔던 것입니다.

오늘 우리 주님은 아홉을 찾듯이 나를 찾고 계시지 않을까요? 작은 것부터 감사를 시작하며 훈련합시다.

셋째, 감사한 자는 영혼까지 구원을 받습니다

열 사람 중 그것도 이방인 한 사람만이 주님께 돌아와 사례했습니다. 그 사람을 보며 주님은 얼마나 기뻐하셨을까요? 그리고 말씀하십니다.

"그에게 이르시되 일어나 가라 네 믿음이 너를 구원하였느니라"(19절)

많은 사람들이 육체의 문제나 삶의 문제들을 해결 받고 좋아하지만 가장 중요한 영혼의 구원에 대해선 깊히 통찰하지 않습니다. 예수 그리스도를 통해서 영생의 구원을 받은 것, 이것이 가장 중요한 것이며 이를 위해 주님이 오셨음을 알아야 합니다.

인간의 진정한 회복은 영적인 회복입니다. 감사한 자에게 주시는 주님의 은혜가 바로 영혼의 구원이었으며, 진정한 축복을 받을 수 있는 사람이 누구인가를 가르쳐 주는 말씀입니다.

"감사로 제사를 드리는 자가 나를 영화롭게 하나니 그의 행위를 옳게 하는 자에게 내가 하나님의 구원을 보이리라"(시 50:23)

인간의 삶의 목적이 하나님을 영화롭게 하는 것이라면 하나님께 영광을 돌리는 방법이 감사라는 사실을 깊이 인식하고 오늘부터 감사하시기 바랍니다. 감사하지 않은 아홉을 찾으면 아홉의 감사가 늘어나고 축복과 기쁨도 아홉 배가 되는 것입니다.

여전히 삶 속에 불평이 있는 분들은 감사를 찾으십시오. 감사가 시작되면 놀라운 일이 일어날 것이며 기쁨과 행복이 넘치는 인생의 가치와 아름다움을 맛볼 것입니다.

함께 나누기

1. 오늘 말씀 중에 가장 마음에 남는 말씀은 무엇입니까?

2. 그 말씀이 마음에 남는 이유가 무엇입니까?

3. 오늘의 말씀을 통하여 실천해야 될 사항은 무엇입니까?

한 주간의 기도 제목

나

가정

교회

/제48과/

감사가 메마르지 않게 하라

성경: 골로새서 3:15-17 / 찬송: 391장, 309장

"그리스도의 평강이 너희 마음을 주장하게 하라 너희는 평강을 위하여 한 몸으로 부르심을 받았나니 너희는 또한 감사하는 자가 되라 그리스도의 말씀이 너희 속에 풍성히 거하여 모든 지혜로 피차 가르치며 권면하고 시와 찬송과 신령한 노래를 부르며 감사하는 마음으로 하나님을 찬양하고 또 무엇을 하든지 말에나 일에나 다 주 예수의 이름으로 하고 그를 힘입어 하나님 아버지께 감사하라"

하나님은 만물의 통치자이시며 우리의 생명과 모든 복이 하나님께로 나오는 것임을 기억해야 합니다. 메마른 땅에 단비가 있어야 하듯 우리 심령에는 성령의 생수가 흘러 넘쳐 은혜의 샘물이 그치지 않도록 해야 우리 삶이 풍성한 은혜와 축복으로 가득 차게 됩니다. 우리의 신앙생활을 만족하게 해주기 위해서는 은혜의 물줄기가 바로 세워지고 언제나 열려 있어 공급되어야 합니다.

은혜와 축복의 통로는 바로 감사이기 때문에 감사가 없는 삶은 메마른 땅과 같습니다. 그러면 감사가 넘치는 삶을 살기 위해서 어떻게 해야 하는지 함께 살펴보며 은혜를 나누시기 바랍니다.

첫째, 원망과 불평의 뿌리를 뽑아야 합니다

인간은 부정적인 생각과 불신의 골이 깊습니다. 그래서 늘 원망하며 탓하는 것이 습관처럼 되어 버렸습니다. 그 원인을 깊이 살펴보면 하나님 없이 자기중심적인 욕망으로 인해 상처를 입게 되고 염려와 불안에 쌓여 분노와 이기심으로 인한 반항과 적대심이 크기 때문이라고 합니다. 원망하는 사람은 대부분 마음이 완악해져 자신의 모습을 바로 보지 못합니다.

둘째, 모든 것이 은혜였음을 감사합시다

어떤 것도 우연이 아닌 하나님의 은혜요 인도하심이므로 날마다 이 은혜를 고백하며 감사의 습관을 기릅시다. 우리 삶에 감사의 조건들을 하나하나 헤아려 보면서 감사하시기 바랍니다.

감사가 지속적으로 늘어나는 것은 우리의 삶이 더욱 풍성해지고 건강하다는 증거입니다. 이 감사가 하나님을 영화롭게 하는 믿음의 행위요 세상에서 존귀하고 복된 인생으로 살아가는 축복인 것입니다. 우리에게 생명을 주심도, 우리가 걸을 수 있는 것도, 우리가 누리는 모든 것도, 우리가 즐거운 것도 은혜입니다. 이 은혜를 기억하고 감사해야 합니다.

내가 하나님 앞에 얼마나 감사의 생활을 하는가를 보면 내 영적 신앙의 상태를 알 수 있습니다. 신앙의 문제가 생기면 감사가 사라지기 시작합니다. 그러므로 감사가 마르지 않도록 날마다 겸손함으로 은혜를 사모하고 말씀 안에 거해야 하며 성령을 의지해야 합니다. 은혜 안에 감사가 넘치고 감사 안에 기쁨과 만족이 있으며 감사는 우리를 행복한 삶으로 인도하는 것입니다.

셋째, 염려하지 말고 하나님께 구하십시오

"아무것도 염려하지 말고 다만 모든 일에 기도와 간구로 너희 구할 것을 감사함으로 하나님께 아뢰라"(빌 4:6)

우리는 대부분 건강이나 생활의 문제로 염려하며 불안해 합니다. 우리의 마음과 생각을 지키시는 하나님께서 은혜와 평강을 주시며 언제나 의의 길로 인도하신다는 사실을 믿으십시오. 무엇이든 어떤 일이든 감사한 마음으로 하나님께 아뢸 때 하나님은 우리를 가장 아름답고 선한 역사를 이루도록 일하십니다.

그러므로 성도는 끝까지 하나님을 신뢰하며 맡기는 삶을 살아야 합니다.

"우리가 알거니와 하나님을 사랑하는 자 곧 그의 뜻대로 부르심을 입은 자들에게는 모든 것이 합력하여 선을 이루느니라"(롬 8:28)

성도는 참으로 감사할 것밖에 없습니다. 언제나 하나님께 세세하게 말씀드리며 그분의 은혜 안에 살아가는 삶이므로 기쁘고 감사할 뿐입니다. 이제 모든 염려를 버리고 감사함으로 나아갑시다.

감사가 메마르지 않는 기도의 시간으로 나아갑시다. 범사에 감사하라 이것이 그리스도 예수 안에서 우리를 향한 하나님의 뜻이라고 말씀하십니다. 범사에 우리 주 예수 그리스도의 이름으로 항상 아버지 하나님께 감사하는 성도가 되시기를 바랍니다. 하루하루의 생활에서 감사의 고백, 감사의 기도, 감사의 찬양이 흘러 나오는 은혜가 충만한 하나님의 자녀로 성숙해 가시기 바랍니다.

함께 나누기

1. 오늘 말씀 중에 가장 마음에 남는 말씀은 무엇입니까?

2. 그 말씀이 마음에 남는 이유가 무엇입니까?

3. 오늘의 말씀을 통하여 실천해야 될 사항은 무엇입니까?

한 주간의 기도 제목

나

가정

교회

12월

/제49과/

낮은 자의 하나님

성경: 마태복음 25:31-46 / 찬송: 96장

"내가 진실로 너희에게 이르노니 너희가 여기 내 형제 중에 지극히 작은 자 하나에게 한 것이 곧 내게 한 것이니라"(40절)

대림절은 주님의 오심과 강림을 준비하는 절기입니다. 그러므로 우리는 이 기간 먼저 지난 일 년간의 삶을 돌아보고 받은 은혜에 감사하며, 무엇보다도 불쌍한 이웃을 생각해야 할 것입니다. 그것이 바로 예수님께서 세상에 오신 이유이기 때문입니다. 이런 준비를 통해 의미 있는 대림절이 되시기를 바랍니다.

오늘 본문의 말씀은 마지막 심판 때의 모습으로 그 때 예수님께서는 양은 보좌의 오른편에, 염소는 왼편에 둔다는 것입니다. 오른편은 '능력과 권세'를 상징합니다. 예수님께서는 승천하신 후에 하나님 우편에서 통치와 권세와 능력을 주관하시기 때문이며(엡 1:20,21), 왼편은 '저주와 형벌'을 의미합니다. 왼편 사람들에게는 "저주를 받은 자들아 나를 떠나 마귀와 그 사자들을 위하여 예비된 영원한 불에 들어가라"라는 본문 41절의 판결이 내려졌기 때문입니다. 그렇다면 우리가 왼편이 아닌 오른편에 속하기 위해서는 어떤 삶을 살아야 할까요? 그리고 이 비유를 통해서 예수님께서 말씀하시는 것은 무엇일까요?

첫째, 예수님께서는 성육신에 대해 우리에게 말씀하십니다

본문 40절에는 "내 형제 중에 지극히 작은 자 하나에게 한 것이 곧 내게 한 것이니라."라는 말씀이 있습니다. 여기에는 두 가지의 중요한 진리가 담겨 있습니다. 첫 번째는 우리 모두가 형제요, 자매라는 사실입니다. 예수님께서는 모든 사람을 '내 형제'라고 말씀하셨는데 인간관계를 주종관계나 강자와 약자, 고용주와 피고용인의 관계 등으로 보지 않고, 형제와 자매의 관계로 말씀하신 것으로 이는 인간 모두가 평등한 존재이며 하나님을 한 아버지로 모신 사랑의 관계임을 선포하신 것입니다.

그리고 두 번째 진리는 예수님께서 우리 가운데 거하신다는 성육신의 비밀을 말씀하셨다는 것입니다. 즉 예수님께서는 지극히 작은 자로 우리와 함께 계시는 하나님이십니다. 이에 대해 마가복음 3장 34-35절은 말씀하십니다. "둘러앉은 자들을 보시며 이르시되 내 어머니와 내 동생들을 보라 누구든지 하나님의 뜻대로 행하는 자가 내 형제요 자매요 어머니이니라."

여러분, 예수님은 평생을 우리 가운데 작은 자로 사셨습니다. 이것이 바로 우리가 우리 주변의 작은 자들을 섬겨야 하는 이유이며, 예수님께서 낮은 자의 하나님으로서 세상에 오신 이유입니다.

둘째, 예수님께서는 우리가 섬길 대상이 이 땅의 '작은 자들'임을 말씀해주십니다

보좌 오른편에 서게 될 양들은 어떤 삶을 산 사람들입니까? 이웃이 주릴 때, 목마를 때, 나그네가 되었을 때, 헐벗었을 때, 병들었을 때, 옥에 갇혔을 때 도와준 사람들이라고 말씀하십니다. 천국을 상속받는 사람들은 이런 불쌍한 사람들에게 마음과 시간과 물질을 바쳐서 도움의 손길을 베푼 사람들인 것입니다. 그러면서도 그들은 자신들의 봉사를 기억하지 못합니다.

본문 37-39절이 말하는 것처럼 "우리가 어느 때에 그런 일을 했느냐?"고 묻는 것을 보면 알 수 있습니다. 이처럼 희생적인 봉사를 하고도 그것을 기억하지 못한다면 그런 사람이 복 있는 사람입니다. 그런 사람은 바로 우리 하나님께 봉사한 사람이기 때문입니다. 그렇기에 만일 자신의 봉사를 기억하고 대우받기를 원하거나 자신의 명예를 추구한다면 주님께 봉사하는 기회를 놓치게 되고 마는 것입니다.

우리 예수님께서 인간으로 낮아져서 세상에 오신 이유가 무엇이겠습니까? 마가복음 10장 45절은 "인자가 온 것은 섬김을 받으려 함이 아니라 도리어 섬기려 하고 자기 목숨을 많은 사람의 대속물로 주려 함이니라" 고 말씀하셨습니다. 이런 섬김의 본을 보여 주신 예수님의 모범을 따라 이 땅에 작은 자를 섬기는 것이 바로 예수님의 성육신을 의미 있게 하는 일입니다.

셋째, 예수님께서는 작은 자를 위해 우리가 한 일로 우리의 삶을 평가하실 것입니다

마지막 때가 되면 예수님께서는 영광의 주로(마 25:31), 심판의 주로 다시 세상에 오실 것입니다(고후 5:10). 그때 양과 염소를 구별하실 것인데 양은 낮은 자들과 함께 산 사람들로, 염소는 높은 자들과 함께 산 사람들로 갈라놓으실 것입니다. 거기에는 인종이나 국가나 신분이 판별의 기준이 될 수 없습니다. 오직 낮은 자, 곧 사회적으로 소외된 자, 무력한 자, 고통당하는 자에게 인간의 존엄성을 일깨워 주고, 긍지와 자존심을 심어 주어서 새로운 삶의 활력을 갖게 한 참된 봉사자와 그렇지 못한 자의 구별이 있을 뿐입니다. 이것이 바로 주님께서 높고 높은 보좌를 떠나 낮고 낮은 땅에 작은 자로 오신 이유입니다.

한 해를 마무리하는 12월의 첫 주간이면서 예수님의 오심과 강림을 준비하는 대림절 첫 주간에 낮은 자를 위해 낮은 자의 하나님으로 오신 우리 예수님을 기억하시는 여러분 모두가 되시기를 간절히 기원합니다.

함께 나누기

1. 성육신에 대한 두 가지 진리는 무엇입니까?

2. 우리가 섬길 대상이 이 땅의 '작은 자들'이라는 의미에 대해 생각해 보시기 바랍니다.

3. 예수님께서는 우리의 삶을 무엇으로 평가하실 지에 대해 생각해 보시기 바랍니다.

한 주간의 기도 제목

나

가정

교회

/제50과/

감사를 잃어버린 사람들

성경: 누가복음 17:11-19 / 찬송: 429장

"그에게 이르시되 일어나 가라 네 믿음이 너를 구원하였느니라 하시더라"(19절)

오늘 본문 말씀은 예수님께서 예루살렘으로 가시려고 사마리아 지역을 지나고 계실 때 한 마을에 들어가시자 나병환자 10명이 예수님께 자신들을 도와달라고 소리쳤고, 예수님께서는 이들에게 "가서 제사장들에게 너희 몸을 보이라."고 말씀하셨습니다. 이는 레위기 14장에 나병환자들이 병이 나으면 반드시 제사장에게 확인을 받고 나서 집으로 돌아갈 수 있게 되어있는데 예수님께서는 그들에게 이런 절차를 밟도록 하신 것입니다. 이들은 예수님의 이 말씀을 믿고 제사장에게 가는 동안에 모두 병 고침을 받았습니다. 병 고침을 받고 나서 이들이 어떻게 했는지에 대해서는 알 수 없지만 분명히 기록되어 있는 사실은 이들 중 단 한 명만이 예수님께 돌아와서 감사했다는 것입니다. 나머지 아홉 명은 감사하는 것을 잊어버렸다는 것입니다. 그럼 왜 이들은 감사를 잃어버렸을까요?

첫째, 이들은 받은 은혜에 취해서 감사를 잃어버렸습니다

2천 년 전, 나병은 사람들에게 큰 두려움의 대상이었을 것입니다. 그래서 나병환자들은 마을에서 쫓겨나 외진 곳에서 기거했고, 사회적 멸시라는 정신적인 고통까지 겪으면서 구차한 생명을 이어갈 수밖에 없었습니다. 그런데 이때, 예수님이란 분이 많은 병자들을 치료해 주셨다는 소식과 함께 그 예수님이 자신들이 있는 곳을 지나가신다는 소식을 듣고는 지나가시는 예수님을 향해서 절박하게 외쳤던 것입니다. 그리고 예수님께서는 그들의 소망대로 나병을 고쳐주셨습니다. 실로 그들은 말로는 형언할 수 없는 엄청난 은혜를 받았던 것입니다.

그러나 나병이 치료되자 그들은 깨끗해진 자기 외모를 보며 기뻐서 어쩔 줄 모르느라, 다른 사람들에게 자랑하느라 예수님께 감사하는 것을 잃어버리고 말았습니다. 여러분, 우리는 어떤 경우라도 은혜를 베풀어 주신 하나님을 잊으면 안 됩니다. 아무리 그 은혜 받은 것이 기쁘고 자랑하고 싶다고 해도 그 은혜를 주신 분이 누구인가를 꼭 기억하고 감사해야 한다는 것입니다. 감사할 줄 아는 신앙, 바로 이것이 바른 신앙이며 또 다른 감사거리를 만들어 내는 길임을 잊지 마시기 바랍니다.

둘째, 이들은 옛날을 잊었기 때문에 감사를 잃어버렸습니다

이 아홉 명의 나병환자들은 새로운 삶을 살게 됐습니다. 그래서 옛날의 끔찍했던 기억은 다시는 떠올리고 싶지 않았을 것입니다. 그런데 그러면서 자기를 치료해 주신 예수님도 잊었고 결국 감사도 잃어버리게 되었다는 것입니다.

미국에서 목회하시는 어떤 목사님의 이야기가 생각이 납니다. 사람들이 처음 이민을 오면 누구를 막론하고 목사님의 도움을 받는다고 합니다. 공항에 픽업을 시작으로 살 집과 직장도 구해 주시기까지 하셨답니다. 한국에서 아무리 잘 나가던 사람도 처음 이민 와서는 지독한 고생과 함께 미국 문화에 적응 못해서 창피한 일을 많이 겪는답니다. 그렇게 한 5,6년 열심히 일하며 자리 잡고 돈 좀 벌게 되면 그 지역을 떠나 다른 곳으로 이주하게 되는데 재미있는 것은 다른 곳으로 이주해가서는 목사님과 일절 연락을 끊는다는 것입니다. 목사님은 처음에는 이해할 수 없었지만 이제는 이해하신답니다. 이민 초기 고생할 때 그 힘든 기억과 초라했던 자기의 과거를 숨기고 싶기 때문이고 목사님은 그들의 초라한 과거의 증인이기 때문에 연락을 끊는다는 것입니다. 과거를 잊어버리려다가 은인도, 감사도 잊어버리고 만다는 것입니다.

참된 감사를 위해서는 과거를 기억해야 합니다. 먼저 예수 믿기 이전의 나를 기억해야 하고 하나님께서 그런 나를 위해 무엇을 해주시고 도와주셨는지를 기억해야 하고, 예수 믿고 하나님의 은혜로 내게 어떤 변화가 생겨났는지 기억해야 합니다. 이렇게 옛날을 돌아보며 그때의 나를 잊지 않으면 감사를 잃어버리지 않을 수 있을 것입니다.

셋째, 이들은 감사의 능력을 모르기 때문에 감사를 잃어버렸습니다

오늘 본문의 나병환자 열 명 모두는 믿음이 있었습니다. 그래서 아직 나병이 낫기도 전에 제사장에게 보이라는 예수님의 말씀에 순종했고, 그 믿음대로 나병이 치유되는 예수님의 큰 은혜를 체험한 것입니다. 그러나 단 한 사람만이 예수님께 돌아와서 감사했습니다. 물론 감사한다는 것이 쉬운 일은 아니었습니다. 먼 길을 다시 돌아와야 했고, 이제 얻을 것 다 얻었다는 마음으로 돌아갈 필요가 없다고 생각할 수도 있었을 것입니다.

하지만 돌아와 감사한 이 나병환자만이 병 고침과 함께 더 크고 놀라운 은혜를 받게 됩니다. 바로 영혼이 구원받고 하나님의 백성이 된 것입니다. 이처럼 감사는 더 큰 감사를 이끌어 냅니다. 바로 이것이 감사의 능력입니다. 우리 하나님께서도 감사를 잊지 않은 사람의 기도를 더욱 잘 들어주시고 응답해 주십니다. 감사는 능력이 있습니다. 이 능력을 잊지 마시고 이 능력을 누리시는 여러분 모두가 되시기를 간절히 기원합니다.

함께 나누기

1. 나는 하나님께 받은 은혜에 취해 감사를 잊은 적은 없는지 생각해 보시기 바랍니다.

2. 자신의 과거를 기억하는 시간을 가져 보시기 바랍니다.

3. 감사의 능력과 감사의 유익에 대해 생각해보는 시간을 가져보시기 바랍니다.

한 주간의 기도 제목

나

가정

교회

/제51과/
예수님의 약속

성경: 이사야 61:1-3 / 찬송: 546장

"주 여호와의 영이 내게 내리셨으니 이는 여호와께서 내게 기름을 부으사 가난한 자에게 아름다운 소식을 전하게 하려 하심이라 나를 보내사 마음이 상한 자를 고치며 포로된 자에게 자유를, 갇힌 자에게 놓임을 선포하며 여호와의 은혜의 해와 우리 하나님의 보복의 날을 선포하여 모든 슬픈 자를 위로하되"(1,2절)

대림절은 원래 라틴어 'advenire'라는 단어에서 유래되었고, 영어 'advent'는 'comming'의 의미로서 '오신다'는 약속의 의미가 들어있기 때문에 대림절은 주님의 오심에 대한 약속을 기다리는 절기입니다. 오늘의 본문 말씀 이사야 61장 1-3절의 말씀은 누가복음 4장 18-19절에서 예수님의 음성으로 그대로 반복됩니다.

"주의 성령이 내게 임하셨으니 이는 가난한 자에게 복음을 전하게 하시려고 내게 기름을 부으시고 나를 보내사 포로 된 자에게 자유를, 눈 먼 자에게 다시 보게 함을 전파하며 눌린 자를 자유롭게 하고 주의 은혜의 해를 전파하게 하려 하심이라 하였더라."

예수님께서는 예언자들의 약속을 성취하셨을 뿐 아니라, 자신이 '은혜의 해'를 선포하러 오셨다는 것을 분명히 하신 것입니다. 이제 본문을 중심으로 '그리스도의 오심'에 대한 약속의 성취를 살펴보겠습니다.

첫째, 예수님은 가난한 자에게 복음을 전하시려고 오셨습니다

가난한 사람들은 예나 지금이나 소외되는 것이 이 세상입니다. 그러나 예수님께서는 가난한 자들에게 복음을 전하려고 오셨습니다. 사실 '주의 말씀을 즐겁게 들은 사람'은 가난한 사람들이었습니다. 부자이며 지도자인 사람들은 예수님을 제대로 알아보지도 못했습니다. 복음을 듣고 기뻐하는 사람들은 주로 가난한 사람들이었으며 이는 이천 년이 지난 지금도 변한 것 같지 않습니다. 오늘날에도 여전히 복음은 힘있는 부자들보다는 아무 힘없는 가난한 자들에게 빠르게 전파됩니다. 따라서 교회는 힘없는 가난한 자를 돌보아야 합니다. 그것이 예수님의 뜻이기 때문이고 가난한 자를 돌보지 않는 교회는 '하나님의 은혜'가 떠날 것이기 때문입니다.

둘째, 예수님은 마음이 상한 자를 고치시려고 오셨습니다

인간은 얼마나 연약한 존재인지 상처를 받기 쉽습니다. 성경이 인간을 깨지기 쉬운 질그릇에 비유하는 것처럼 인간은 모두 이렇게 깨어지기 쉬운 질그릇 같은 존재, 상한 심령을 가진 존재입니다. 그럼 누가 이 상한 심령을 치유할 수 있습니까? 오직 예수님만이 치유하실 수 있습니다. 우리의 주위에는 늘 심령에 상처를 입고 괴로워하는 사람들이 있습니다. 우리는 그들을 예수님께로 인도해야 합니다. 그것이 우리의 사명이기 때문입니다. 그러면 우리 자신의 심령이 상처 받았을 때는 어떻게 할까요? 우리도 무엇보다 먼저 예수님 앞에 나아가야 합니다. 예수님은 상처 입은 자를 치유하기 위해서 오셨기 때문입니다.

셋째, 예수님은 포로된 자에게 자유를 주시려고 오셨습니다

요즘 사는 것이 어렵고 힘들다 보니 우리들은 모두 정치, 경제 등 세상의 포로가 되어 있다는 생각을 하게 됩니다. 그런데 사실 우리 인간이 근본적으로 세상의 포로된 상태에서 자유하지 못하는 한, 아무리 정치, 경제, 사회가 안정된다 해도 인간은 결코 자유할 수 없을 것입니다. 근본적으로 인간은 스스로 만든 구조악의 포로가 되어 있기 때문입니다. 그러나 우리에게는 예수님께서 계시기에 희망이 있습니다. 오직 예수님만이 포로된 자에게 자유를 주실 수 있으시고 또 예수님만이 인간의 욕심과 이기적인 마음, 정직하지 못한 심성과 불의와 부정부패의 사슬을 끊으실 수 있으시기 때문입니다. 예수님만이 유일한 해결책이라는 것입니다.

넷째, 예수님은 갇힌 자를 놓아주시려고 오셨습니다

'갇힌 자'는 정신적이고 영적인 차원, 즉 죄의 억압 가운데 있는 사람을 뜻합니다. 사실 인간은 물욕과 정욕, 권력과 명예욕 등에 갇혀 있습니다. 즉 죄의 장벽에 갇혀 있다는 것입니다. 그리고 그런 인간은 불안과 공포, 근심과 염려 등에 싸여 있는데 누가복음에서는 이를 '눈먼 자'라고 했습니다. 이처럼 죄에 눈이 멀어 있는 사람은 스스로 눈을 뜰 수 없습니다. 예수님께서 오셔서 소경의 눈을 뜨게 해 주셨듯이, 예수님만이 죄에 갇혀 있는 인간에게 놓임을 줄 수 있다는 것입니다. 따라서 우리는 오직 예수 그리스도로 말미암아 갇힌 것에서 자유를 얻을 수 있다는 것을 잊어서는 안될 것입니다.

다섯째, 예수님은 슬픈 자를 위로하시기 위하여 오셨습니다

가난한 것은 슬픈 일입니다. 마음에 상처를 입은 것도 슬픈 일입니다. 포로 되었다는 것과 갇혔다는 것도 슬픈 일입니다. 그러나 예수님께서는 슬픈 자를 위로하십니다. 슬퍼하는 자에게 재 대신 화관을 주시며, 희락의 기름으로 슬픔을 대신해 주시며, 찬송의 옷으로 근심을 대신해 주십니다. 어떻게 그렇게 하십니까? 여호와의 은혜의 해와 우리 하나님의 보복의 날을 선포하심으로 그렇게 하십니다. 이것이 바로 대림절입니다. 여러분에게 이번 대림절이 그런 절기가 되기를 간절히 기원합니다.

함께 나누기

우리 예수님이 이 세상에 오신 이유에 대해 생각해 보겠습니다.

1. 예수님은 가난한 자에게 복음을 전하시려고 오셨습니다.

2. 예수님은 마음이 상한 자를 고치시려고 오셨습니다.

3. 예수님은 포로된 자에게 자유를 주시려고 오셨습니다.

4. 예수님은 갇힌 자를 놓아주시려고 오셨습니다.

5. 예수님은 슬픈 자를 위로하시기 위하여 오셨습니다.

한 주간의 기도 제목

나

가정

교회

/제52과/
말구유에 오신 아기 예수

성경: 누가복음 2:8-20 / 찬송: 488장

"오늘 다윗의 동네에 너희를 위하여 구주가 나셨으니 곧 그리스도 주시니라 너희가 가서 강보에 싸여 구유에 뉘어 있는 아기를 보리니 이것이 너희에게 표적이니라 하더니 홀연히 수많은 천군이 그 천사들과 함께 하나님을 찬송하여 이르되 지극히 높은 곳에서는 하나님께 영광이요 땅에서는 하나님이 기뻐하신 사람들 중에 평화로다 하니라"(11-14절)

1834년, 영국 런던에 에드워드 모트라는 한 목수가 있었는데 그는 어린 시절부터 고아로 자라며, 어려서부터 목공소에서 일하면서 불평과 원망, 열등의식과 반항심이 가득 찬 사람이었습니다. 그러던 그가 어느 추운 겨울, 거리를 배회하다 한 교회에 들어가게 되었는데 그때 "예수 믿고 거듭나야 한다."는 설교를 듣고 심령의 변화를 받아 예수님을 영접하고 예수님 안에서 자신의 삶이 불평과 원망에서 잔치로 바뀌었다고 고백하게 됩니다. 그리고 그 후 그의 일터는 더 이상 고역의 현장이 아니라 축복의 현장이 되었고 결국에 그가 일하던 목공소는 그의 소유가 되었습니다. 사업가로 살아가던 그는 55세가 되었을 때, 전 재산을 다 들여 교회를 세웠고 후에 목사가 되어 늘 주님과의 사랑에 감격하며 살았습니다. 그런 그가 지은 찬송가가 오늘 우리가 부른 488장 "이 몸의 소망 무언가" 입니다.

이 주간에는 하나님이 우리를 사랑하셔서 하나님의 아들, 성자 예수님을 이 땅에 보내신 성탄절이 있습니다. 성탄절은 세상에서 가장 복되고 은총이 가득한 날로 사랑의 하나님이 우리 곁으로 찾아오셔서, 우리를 위로하고 희망을 주시는 날입니다. 이 시간은 그 아기 예수님을 함께 만나 보도록 하겠습니다.

첫째, 아기 예수님은 누울 방 한 칸 없는 곳에 오셨습니다

로마 황제 가이사 아구스도 때에 아기 예수님이 탄생하셨습니다. 황제라 하면 로마에서 가장 높은 지위에 있는 사람으로 그의 말이 곧 법이었는데, 그의 입에서 로마의 모든 사람들에게 한 사람도 빠짐없이 "호적을 등록하라."는 명령이 떨어졌습니다. 그 목적은 세금의 징수와 통제를 위해서였습니다. 그런데 그 당시 호적은 반드시 자기 고향으로 가서 해야만 했습니다. 지금 같으면 인터넷으로도 할 수 있는데 말입니다. 그래서 이때 예수님을 잉태한 마리아도 요셉과 함께 호적을 위해 베들레헴으로 가고 있었습니다. 보통 사람에게도 걸어서 며칠 걸리는 거리였는데, 해산할 날이 가까운 마리아에게는 정말 힘든 일이었습니다. 드디어 이들이 베들레헴에 도착했을 때, 베들레헴에 얼마나 많은 외지인들이 찾아왔는지 묵을 방을 구할 수가 없었습니다. 다시 말하면 그 어디에도 아기 예수님께서 태어날 방이 없었다는 것입니다. 하나님께서는 우리를 위해서 낮고 천한 곳으로 오셨는데, 이 세상에는 그분을 맞이할 한 칸의 방조차도 없었다는 것입니다.

둘째, 아기 예수님은 낮아지시고 또 낮아지셨습니다

여러분 주위를 둘러보십시오. 우리 주위에는 낮은 곳에 있는 사람들이 얼마나 많은지 모릅니다. 경제적으로, 육체적으로, 정신적으로 고통 받고 시달리며 온전한 사랑과 돌봄을 받지 못한 이들이 너무 많다는 것입니다. 하지만 안타깝게도 세상이 향하는 시선은 이들에게 있지 않습니다. 세상의 시선은 낮은 곳보다는 다른 곳을 향해 있습니다. 세상은 사람들에게 더 높은 자리, 더 많은 재물을 얻어서 세상의 주목을 받으라고 하며 이것이 행복이며 자랑이라고 이야기합니다. 하지만 오늘 본문 말씀에서 아기 예수님은 철저히 낮은 곳에 임하셨습니다. 냄새나고 보잘것없는 마구간으로 오신 것 자체가 더 이상 낮아질 수 없을 만큼 낮아지신 것이고 이는 우리를 위한 낮아짐이었습니다. 예수님께서는 우리의 삶의 자리로 오시기 위해 그렇게 낮아지신 것입니다. 위로자로서 가장 낮은 곳에 임하신 우리 예수님의 은총이 온

땅 가득하기를 바랍니다.

셋째, 아기 예수님은 온 세상의 소망과 위로가 되십니다

아기 예수님이 태어나자, 천사들은 양 떼를 지키고 있던 목자들에게 찾아갔습니다. 그런데 당시 목자들은 낮은 사람들 중에 낮은 사람들이었습니다. 그들은 양들을 돌보며 온갖 어려움을 이겨 내고 질고의 삶을 살았지만, 사람들은 그들을 천시하였습니다. 하지만 하나님은 그런 그들을 택하시고 아기 예수님의 탄생을 가장 먼저 알리셨습니다. 소망과 위로되시는 예수님이 오신 이유가 어떤 차별도 없이 모든 사람들에게 구원을 주기 위해서였기 때문입니다. 목자들은 말구유에 누워 있는 아기 예수님께 찾아와 엎드려 경배하며 찬양을 올려 드렸습니다. 우리도 마찬가지로 이 땅에 소망과 위로가 되시는 예수님을 마땅히 찬송해야 할 것입니다.

여러분, 아기 예수님은 우리를 위해 이 땅에 오셨습니다. 누울 방 한 칸이 없어 말구유에서 나셨고 우리를 위해 철저히 낮아지시고 또 낮아지셨으며 이를 통해 온 세상의 소망이요 위로가 되어 주셨습니다. 이분이 바로 우리의 구원자 예수 그리스도이십니다. 예수님께 감사드립시다. 우리와 함께하시며 우리와 동행하시는 살아계신 예수님을 경배하고, 찬양하는 우리 모두가 되시기를 간절히 기원합니다.

함께 나누기

1. 아기 예수님께서 누울 방 한 칸 없는 곳에 오셨다는 의미를 생각해 보시기 바랍니다.

2. 아기 예수님께서 낮아지시고 또 낮아지셨다는 의미를 생각해 보시기 바랍니다,

3. 아기 예수님께서 온 세상의 소망과 위로가 되신다는 의미를 생각해 보시기 바랍니다.

한 주간의 기도 제목

나

가정

교회